JN190151

ことばのヒーリング

順調
快調
絶好調♥

未来は
良くなり
ます♥

大丈夫
ですよ♥

心配
いりません
よ♥

どんどん
改善
します♥

よく
頑張りまし
たね♥

ノートやファイル、スマホなどお好きなところに貼って、自由にお使いください

こころを浄化することば

神人
かみひと

徳間書店

はじめに――〝こころの浄化〟とは？

わたしたちはみんな、〝こころの浄化《じょうか》〟が必要です。

なぜなら、こころが〝未来を育《はぐく》む元《もと》〟になるからです。

ものごとを正しく選択《せんたく》できるこころとなれば、幸せとなるための思考《しこう》、言葉、行動へと繫《つな》がってゆき、ひとつひとつが必ず顕在化《けんざいか》してゆくのです。


では、こころとは何でしょうか？

それは、**生まれてから現在に至るまでの〝記憶《きおく》〟すべてであり、他存在から受けるすべての〝思念《しねん》〟の総称《そうしょう》なのです。**

別名では、〝魂《たましい》〟という表現をする場合もあります。

こころの浄化とは、魂の浄化でもあり、すべての物事を選択する上での中心的な〝核〟なるところを、掃除洗濯《そうじせんたく》、軌道修正《きどうしゅうせい》するということになります。

例えていうならば、自分の部屋をキレイに片付けて、居心地良《いごこちよ》くスッキリさせることです。

そうすれば、楽しいことを考えやすくなり、楽しいことを話すようにもなり、楽しいことを行《おこな》うようになっていきます。

そして結果的には、楽しい思い出がどんどん増えてゆくことになるのです。

ですから、幸せな未来となるためには、こころの浄化が必要であり、そのためには、自分で自分を教育することが必要となってきます。

具体的には、本書を毎日読むことをお薦《すす》めします。

そして、できれば自分に優《やさ》しく言い聞かせるように、音読《おんどく》することが望ましいでしょう。1ページだけでもいいですので、ぜひぜひ、やってみてください。

この書は、わたしが皆さまにお伝えしたいことばばかりを厳選《げんせん》し、まとめたものです。これまでのわたしの経験《けいけん》から紡《つむ》がれたことばたちであり、わたしが受け取ってきた異《い》次元界《じげんかい》の指導者《しどうしゃ》たちからの大切な導言《どうげん》の一部でもあります。


あなたは、この書のことばから、どんな思いを抱《いだ》くでしょうか……。

もしかしたら、苦しみや怒《いか》りが顕《あらわ》れてくる時もあるかもしれません。

なぜか、涙が溢《あふ》れ止まらなくなり、目がにじんで読めなくなってしまうかもしれません……。

また、雨雲が晴れるように、ことばから眩《まぶ》しい光を浴《あ》びて、次々と喜びが泉《いずみ》のごとく湧《わ》いてくるかもしれません。

生きる希望となり、支《ささ》えとなり、本書を読んでいる〝今が幸せである〟と感じていただける時がくるかもしれません。


もしそのように感じていただけたなら、著者《ちょしゃ》としては、この上ない大きな喜びです。

わたしは、ひとりでも多くの方が、幸せとなりますことをこころから願っております。
そのために、今、わたしにできることとは何か？　自問自答《じもんじとう》し得《え》られたひとつの答えが〝ことばを伝えること〟、本書をあなたに届けることだったのです。

あなたのこころが浄化されますように♥

わたしは本書を通じて、あなたへエールを送ります。
あなたはどんどん幸せになります！
笑顔が溢れ、たくさんの人に愛されてゆきます！
そして、最高の人生を送ります！

みなみなうれしうれしたのしたのしかわるかわるありがたいありがたいみらいへ♥

神人《かみひと》　拝

目次

第5章

自分の命があと1年だとしたら

第6章

自分らしく生きる

装丁　三瓶可南子
編集　豊島裕三子
イラスト　浅田恵理子

第1章

こころを浄化する

こころの浄化

話すこと
笑うこと
泣くこと

自身の負《ふ》の意識《いしき》を表現《ひょうげん》し
記憶から手放してゆくイメージで
勇気を持って接《せっ》することです

そしてすべてが
わたしにとって
必要な学びであった
と言い聞かせてゆくことです

必要経緯《けいい》

悪くなっているように見えても
良くなっていることがあります
状況《じょうきょう》の捉《とら》え方は
見る角度《かくど》によって
人によって違います

すべては良くなっていくための
必要な経緯であると見れば
生きてゆくことが面白《おもしろ》くなります

デトックス

人は定期的《ていきてき》にデトックスが必要です
心身ともに健康《けんこう》であるために
浄化してくれるものがあります

春秋《はるあき》の山野草《さんやそう》は
愛のあるお説教《せっきょう》のようなもの
その心は「良薬口《りょうやくくち》に苦《にが》し」

良く効《き》く薬《くすり》は
苦くて飲み難《がた》きもの
真《まこと》の教えもまた
厳《きび》しく有難《ありがた》いものです

特別授業

白《しろ》砂《さ》糖《とう》は万病《まんびょう》の元《もと》
甘いことばは
道を迷《まよ》わす悪魔《あくま》の囁《ささや》き
悪《あく》自由は我《われ》良《よ》し心
御体《おからだ》磨《みが》き御魂《みたま》磨き大切

嫌なことは
あなたを成長させた
特別授業だったのです

忘れる日

忘れようとして
忘れなくていいのです
いつか忘れる日が来るものです

想《おも》い出せばいいのです
何度も何度も想い出せばいいのです
気が済《す》む日が来るものです

表情にし　声にし　ことばにし
思いを表現すればいいのです
何かが変わり
終わる日が来るものです

こころの問題

そうやって誰もがみんな
変わり続けるものですから

安心していいのです
それがあなたの真《しん》の望みなのですから

不安でいなければならない訳《わけ》ではなく
不安でいたいのかどうか？
という〝お試《ため》し〟を受けているのです

わたしは安心を選びます
あなたも安心を選べます

安心でいる？
不安でいる？
〝こころの問題〟なのです

承認欲求《しょうにんよっきゅう》

「愛されたい！」と
本来誰もが願っているもの
あなたばかりではないということ

「分《わ》かってほしい！」と
ずっと誰もが望んでいるもの
あなたばかりではないということ

「認めてほしい！」と
日々誰もが思っているもの
あなたばかりではないということ

性格はみんな違うけれど
本心はみんな一緒なんでしょうね

あなたのこと好きです
あなたのこと判《わか》ります
あなたのこと素晴らしいと思います

そんな風《ふう》に言われたら
嬉《うれ》しいですね

あなたがしたいこと

あなたが自分の使命《しめい》・役目《やくめ》を知るためには
先《ま》ずあなたがしたいことを
すべてすること
どんなことでも
したいと思ったことを
できることから
気が済《す》むまで本気ですること

そしていつか
人々に喜ばれるようになれれば
それがあなたに与えられた役目であったことを
自分が理解できます

理由

すべてが繫《つな》がっており
すべてに意味があります

上手《うま》く行かない時は
必ず理由があります

何かが足りない
何かが過ぎる
時期ではない

理由を考えても判らない時は
成功している人に聞くことが大切です

喜びへの変換《へんかん》

ひとつひとつの出逢《であ》いと繋《つな》がりを
喜びや感謝
未来への意欲《いよく》に
変《か》えられたら良いですね

嫌《いや》みや嫉《ねた》み
恨《うら》みに変えると
どんどん相手を嫌《きら》いになり
そして自分も嫌いになります……
終《しま》いには　世界が嫌《いや》になるでしょう

自問自答

自分を好きになれること
自分の人生を楽しむこと　とても大切

草《くさ》木《き》虫《むし》獣《けもの》人《ひと》には
それぞれに感情があります
人はすべての感情と繋がることができます
ただ人が他の生き物と違うのは
感情を選択《せんたく》することができるということ
自分に問い掛《か》け
自分と話し合える生き物であります

自分はどの感情でいたいのか？

日々自問自答《じもんじとう》すること
本心を知ること
確認することが大切です

感情

人の感情は簡単《かんたん》に操作《そうさ》されるものです
ゆえに本当に自分の感情かどうか？
自問自答して確かめる必要があります

「今の感情は本当に自分なのか？」
人の影響《えいきょう》　靈《れい》の影響　場の影響
いずれかが原因となり
自分の感情として反映《はんえい》される場合が多いのです

感情とはエネルギーです
他からの強いエネルギーほど
影響を受け易《やす》いのです
特に負《ふ》のエネルギーの影響は
強く顕《あらわ》れるものです
そしてことばは感情の媒体《ばいたい》として
大きく作用《さよう》するものです

感情はいずれも選択することができます
苦しみ（妬《ねた》み恨《うら》み怒《いか》り虚《むな》しさ哀《かな》しみ）とするか
喜び＝学び＝感謝とするか？
喜怒哀楽《きどあいらく》あらゆる感情は
自分の選択《せんたく》の仕方次第《しだい》となります

負の感情が顕《あらわ》れた時は
幾度《いくど》か深呼吸し時間をおいてから
「わたしはこの感情を本当に選択したいのか？」
と問うことをおすすめします

感情を選択する習慣《しゅうかん》は
他者からの影響により
魔《ま》が差す場合に対し
非常に有効的です

わたしはより喜びへと向かって進んでいる
うれしうれしたのしたのしありがたいありがたい

喜びの感情へと自《みず》ら繋ぐことを
習慣化《しゅうかんか》したいものです

変わり方

無理をして関わらなくとも良い
無理をして演じなくとも良い
あなたはあなたで良いのです

しかし今のままで
良いわけではありません
今のあなたのままでいることが
答えではないのです
あなたはあなたらしく
ありのままに変われば良い
ということです

他の誰かとは異《こと》なるあなただけの
〝あなたらしい変わり方〟があります

だから昨日より今日が
今日より明日が
今までとは違う喜びが
少しだけ増える
あなたらしい変わり方が
望ましいのです

生き方とは
変わり方のことなのです

思い描《えが》く

頭に思い浮かんだものを
何にも囚《とら》われることなく
ただ書いてみましょう
または描《か》いてみましょう

ことば　線　模様《もよう》　図形　色
何も考えずに行《おこな》うことです

溜《た》まっていたものが吐《は》き出される
過去を整理整頓《せいとん》させられる
与えられたものが顕在化《けんざいか》し始める

描かれたものにはいずれも
いろいろな意味が必ず含まれています

変わるために

過去の出来事に対して
現在の出来事に対して

寄《よ》り添《そ》う
理解する
認める
励《はげ》ます
根気《こんき》良く
優しく

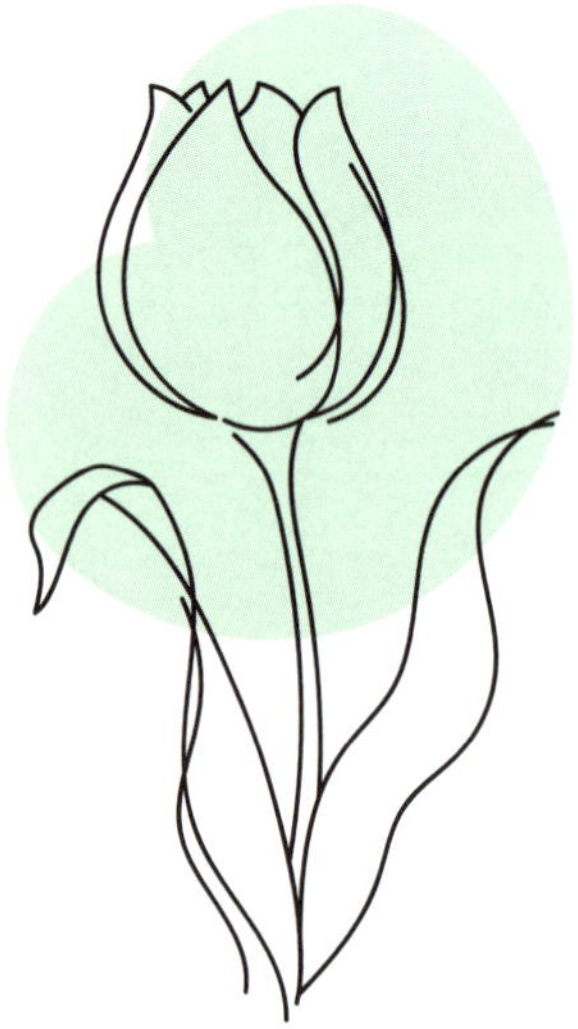

前向きに
信じる
光へと導《みちび》く

まずは
あなたがあなたに対して

必要苦

苦しみとは必要として与えられた
デトックス（溜《た》まっていた毒素《どくそ》を排出《はいしゅつ》すること＝浄化）
でもあります
病気や不和《ふわ》 行《い》き詰《づ》まりは
あなたが軌道修正《きどうしゅうせい》するためにあるのです

〝苦しみは自分が改《あらた》めない限り続きます〟
ですから
〝何かを改めなければなりません〟

悪くなっていると悲観視《ひかんし》することではなく
これまで以上により一層《いっそう》状況《じょうきょう》が良くなるために
分かり易《やす》い形で改善《かいぜん》を促《うなが》していただいていると
建設《けんせつ》的に捉えて感謝しながら
早めに改善すれば良いのです

あなたの人生は
あなたが成長するために
すべての経験が用意されています
ゆえに苦しみにも感謝感謝感謝
どうもありがとうございます

自分の起源《きげん》

〝自分のルーツ（起源）を
大切にすること〟は
幸せになるためにとても重要《じゅうよう》な教育です

肉体
両親
仲間
先祖《せんぞ》
故郷《ふるさと》
国
自然
地球

ルーツとは
ひとつひとつ辿《たど》ってゆくと
〝現在の自分を育《はぐく》んだ要因《よういん》〟であり
〝すべてが自分である〟
ということなのです。

ルーツを慈《いつく》しむ＝自己愛
ともなります。

自分をこころから愛することなくして
真の幸福はないのです

生きていることの意味とは

何のために生まれて来たのか？
その答えは〝変わるため〟です

どのように変わるためなのか？
それは〝こころが成長するため〟です

人はみんな変わるために
いろいろな経験をしなければなりません

なぜそんなことが起こるのか？
それはあなたが変わるために
必要な経験として顕《あらわ》れているのです

すべての経験は
あなたのこころを成長させるために起きています
人は経験しなければ
こころから理解することができないからです
人は誰もが経験した分だけ成長します

苦しみも　悲しみも
怒《いか》りも　妬《ねた》ましさも
寂《さび》しさも　愛《いと》しさも
楽しさも　素晴《すば》らしさも……
あらゆるすべての感情を
より深く　より広く　より細かく理解できるように
そしてより多くの存在を
愛せるようになるために

わたしたちはみんな
日々学ばせていただいているのです

この世は
〝こころを成長させるためにある学校〟なのです

あなたは生きているだけで
日々変わっています
あなたは与えられている課題を
日々学んでいます

だからあなたが生きていることは
とても素晴らしいことなのです

生

自分は何のために生まれ
そして生きているのか？

分からなくなった時
こんな風に思ってみてください

〝あなたはいろいろな経験をして
変わるために存在《そんざい》している♥〟

嬉《うれ》しいこと
愉《たの》しいこと
悲しいこと

虚《むな》しいこと
愛《いと》しいこと
切《せつ》ないこと
苦しいこと
歯痒《はがゆ》いこと
……

すべての経験が
あなたを成長させているということ

だからこれからも
生きてゆくことを選んでほしい！
わたしからのお願いです

コンプレックス

自分に与えられているものを
〝活《い》かす！〟と決めて生きるなら
あなたはどんどん幸せになります

コンプレックスというものは
劣等感《れっとうかん》という思い込みに過ぎません
隠《かく》すものではなく
卑下《ひげ》するものでもなく
逆にどんどん〝利用すべきもの〟です

コンプレックスは
〝あなたの特徴《とくちょう》〟なのです

見る角度を変えると
あなたらしさが
そこにあるとも言えます

〝あなたらしさ〟を利用することで
人生は可能性が広がり
喜びが大きくなってゆきますから

コンプレックスこそが
喜びの種《たね》＝喜びのネタです
堂々と笑いながら
ネタにできる人となりましょう！

生き方

あなたがどんな選択《せんたく》をしたとしても
あなたを快《こころよ》く思わない人は必ずいます
しかしあなたを快く思う人も必ずいます

あなたがいずれを選択したとしても
常《つね》にそれぞれが存在し続ける
ということを理解できるなら
あなたは
あなたらしい選択をすることが
悔《く》やまないことに繋がります

人生はどうあれば良いか？

それは……
悔いが残らないように生きること
だからあなたが
あなたらしく生きること

誰もがそれぞれの条件の中で
いろいろな経験をしながら
変わってゆきます
霊《れい》性《せい》進化するという同じ目的のために

あなたは
あなたらしい選択をして
より良く変わってゆけばいいのです

思い込み

何も良いことがない……
と思い込んでいるに過ぎません

何も良いことがないのではなく
良いことがたくさんあるはずなのに
ただ目を向けていないだけなのです

惑《まど》わされないでください
悪魔のささやきに
惑わされないでください
悲観的《ひかんてき》な思想に

あなたは喜びに囲まれています
あなたの周りは喜びで溢《あふ》れています
あなたは喜びの中で生きています

ほら　よく見てみましょうか？

うれしい　たのしい
うつくしい　かわいい
おいしい　おもしろい
きもちいい　すばらしい
ありがたい

悪いことばかりに目を向けないで
良いこともたくさんあるでしょう

選択次第《しだい》で変わる

どのような時　どのような場所にも
必ず喜びが用意されています

それは「美」「形」「変化」です

何を見るか？
何を聴《き》くか？
何を匂《にお》うか？
何を味《あじわ》うか？
何に触《ふ》れるか？

そして何を思うか？

ということです

どのような環境に生きていても
選択次第《せんたくしだい》で心を満たせるのです

日本という地で生きるなら
衣食住《いしょくじゅう》あらゆることに恵まれています
幸せに暮らしやすい環境にあるのです

もし幸せではないという人は
選択の仕方に問題があるのでしょう

人間関係も暮らし方も選べるのです
あなたは何を選びますか？

なぜ生まれてきたのか？

あなたが生まれてきたのには
必ず理由があります
あなたは〝何かをするため〟に
生まれてきたのです

何をしたいのか？
常に自問自答しながら
生きることが大切です

そしてあなたは
〝したいことをすれば良い〟のです
自分自身の意思《いし》で行動することです

命《いのち》の学校

そうすればきっと
今世《こんせ》での目的が
果《は》たされてゆくことでしょう

誰もが人生山あり谷あり
だからみんな
それぞれに成長できます

苦しい時の学びは宝の如《ごと》し
執着《しゅうちゃく》せずに何かを変えなさい
辛抱《しんぼう》することを経験なさい

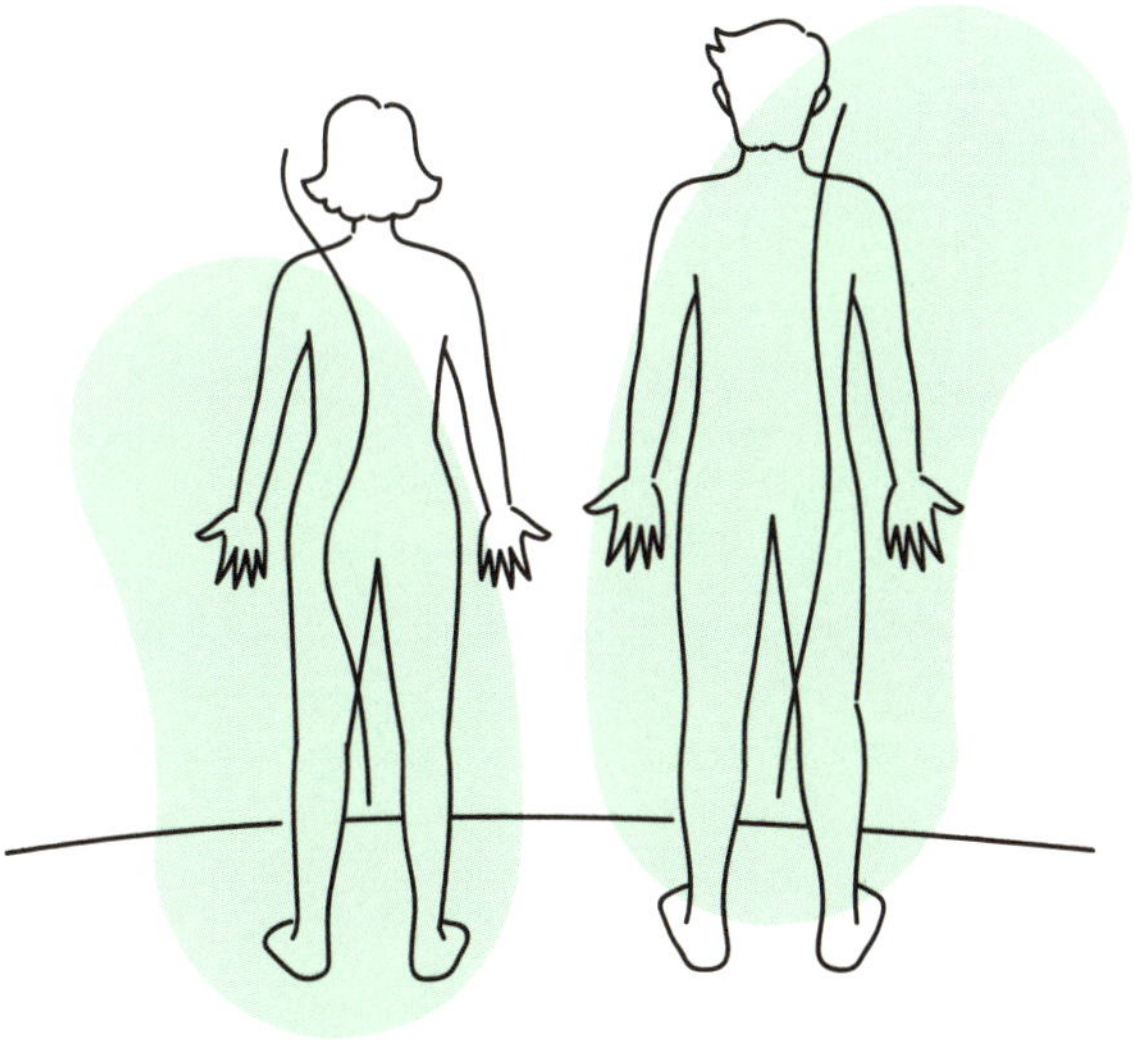

幸せの意味を知りなさい
人の優しさを感じなさい
健康の素晴らしさを実感なさい
生きる貴《とうと》さを覚《さと》りなさい
この世は有難《ありがた》い命の学校です

地道な努力

目標を持って
地道にコツコツ
日々努力することは
年齢《ねんれい》問わず
人を耀《かがや》かせます
しかし競《きそ》い合うネガティヴな気持ちは

攻撃《こうげき》的な念が高まるので棄《す》てること
己《おのれ》をより充《み》たす喜びの形へと進化させるために
頑張《がんば》っているのだという思いが大切です

活《い》かすこと

在《あ》るものを活かすこと
活かしきること
今己《おのれ》に必要なものは
与えられている
そして次に必要なものは
順次《じゅんじ》与えられてくる
故《ゆえ》に今は
在るものを活かしきる知恵を磨《みが》くこと

活かしきる努力をすること
無いものねだりばかりしないことが大切です

歩き方

ゆっくり歩けば
見えなかったものが
見えてきます

灯台《とうだい》下暗《もとくら》し
たくさん見えてきます
新たな発見があります
気付くことは得ることです
得ることは変わることです

身近な所に必要なものが
予《あらか》じめ用意されていたことに
あなたは気付くでしょう

どこに意識を向けるか？
見る角度を変えることで
たくさんの喜びが得られます

急《いそ》いで歩けば
周囲が見えなくなり
視界《しかい》は狭《せま》くなり
危険も多くなるのです
だから歩くことに対して
不安が増してきて

ネガティブな妄想《もうそう》にも
囚《とら》われるようになるのです

幸せな歩き方とは
ゆっくり周《まわ》りを見渡《みわた》し
たくさん気付きながら
笑顔で歩くことです

では　ゆっくり歩くためには
どうすれば良いでしょうか？

良き未来を思い描き
ゆっくり深呼吸《しんこきゅう》をして
まずは笑うことです

そして　ゆっくり歩こう
自分らしくで良い！
と言い聞かせてから
歩くことです

それで良い！
それで良いのだ！
と言い聞かせながら
また笑うことです

変わり続ける役目

役目とはそれぞれにあるもの
赤子《あかご》にも病人にも老人にも

役目とはいくつもあるもの
毎日いろいろなことをしている

役目とは移り変わるもの
学びや成長に応じて与えられている

あなたらしい役目
身の丈《たけ》に合った役目
その時々の役目
それが自身の喜びとなり
誰かを喜ばせることに繋がっている

本当の役目とは
あなたがあなたを生きることであり
あなたがしたいことをすれば

それが求められている俯瞰《ふかん》的な役目です

赤子は泣き笑い乳《ちち》を飲み眠る
病人は苦しみ横になり憂《うれ》い語る
老人は散歩《さんぽ》し日向《ひなた》ぼっこし笑っている

みなそれぞれに
誰かを癒《いや》し励《はげ》まし
諭《さと》しながら生きている

見方を変えれば
誰もが多くの気付きや喜びを与えながら
役目をこなしているものなのです

もちろん　あなたも

やりたいことをやる生き方

やりたいことをやること
心が喜ぶことをすること

やりたいことが分からなければ
からだが喜ぶことをすること

やりたいことをやるためには
我がままや自己中心的ではないかと思い込み
自己嫌悪感《じこけんおかん》で己を抑圧《よくあつ》しないこと

周囲に対する
配慮《はいりょ》と感謝《かんしゃ》を決して忘れないこと

あなたの喜びは
周囲によって与えられているから

いつもありがとうございます
支えてくれて感謝しています
これからも宜《よろ》しくお願いします
大好きです
愛しています

心を込めて
笑顔とことばと行動で
伝えることです

焦《あせ》りに対して

焦りを手放すには
焦りを認めること
焦らなくても大丈夫と
言ってあげること
満面《まんめん》の笑《え》みで
鏡《かがみ》を見ること

淋《さび》しさの意味

淋しいのは
何かが欠けているから

慣《な》れるのではなく
補《おぎな》うことを
素直に求めれば良いのでしょう

淋しい
それは何かを始める時
なのかもしれません

夢を持つ

夢を持つのは
年齢《ねんれい》とは関係ありません
いつかこうしたい！ の

いつかとは
今日から死ぬまで
設定はいくらでも可能なのです

始める

始めてみましょう！
新しいことを
始めてみましょう！
したかったことを

始めてみましょう！
あなたらしい人生を

手放す

手放すことができたなら
摑《つか》むことができるものがある
手放すためには
己《おのれ》の中の執着心《しゅうちゃくしん》を理解し
感謝とお別れをすることが大切です

ありがとう
さようなら
どうぞよろしく
また次の自分へと変わってゆく
ひとつひとつ変わっている

無駄《むだ》はない

人生は無駄がありません
すべては伏線《ふくせん》として顕《あらわ》れていて
いずれ必ず繋がってゆくドラマです

Q　なぜ？
A　必要だから！

あなたの人生も
きっと面白いシナリオですよ！
主役はあなたです

未来をつくる脚本《きゃくほん》

あなたのひとつの言葉で
みんなが変わり出すかもしれない
あなたのひとつの行動で
みんなが動き出すかもしれない

あなたには
貴《とうと》い可能性が隠《かく》されています
世界は
あなたを待っているのかもしれない
神様は面白い脚本を用意しました
すべての人が主役になれるという脚本を

今　あなたの勇気が問われています
未来を信じて
もう一歩を踏《ふ》み出すことが大切です

第2章

人生山あり谷あり
～わたしが辛かった頃、そして今に至るまで～

もがき続ける長い日々を経験してきたひとりです

自分の人生を振り返りますと、わたしは幼少期《ようしょうき》から現在に至るまで、非常に多くの病気や怪我《けが》や事故《じこ》、挫折《ざせつ》、転職《てんしょく》、経済難《けいざいなん》、失恋、対人トラブル、人間不信《ふしん》、孤立《こりつ》、不《ふ》思議《しぎ》体験、そして誰にも相談できずにきた膨大《ぼうだい》な数の霊《れい》的問題など……。

改めて、良くこれまで生きてこれたものであると、ひしひしと痛感《つうかん》しております。

しかし、ひとつひとつの苦難《くなん》は、いずれも確かな学びとなっており、ありがたい教《きょう》訓《くん》として、わたしの記憶《きおく》に刻《きざ》まれております。

そして時を経《へ》て、ことばとなり、誰かを癒《いや》し、励《はげ》ますことのできる要因《よういん》ともなりました。ですから、わたしはわたしの一切《いっさい》の過去の経験を、今はすべて肯定的《こうていてき》に捉《とら》えることができます。

〝こんな人生でも誰かの喜びになれている!!〟そう思える現在の自分が好きであり、何もかも愛《いと》おしく、そして誇《ほこ》らしくも感じられるのです。

「偉《えら》いぞ！　素晴《すば》らしいね！　よくこれまで生きてきたなぁ！」と、躊躇《ためら》うことなく、自身をほめてあげられるのです。

肉体的、精神的、経済的な苦難はいずれも、その時の自分にとってはとても苦しいものです……。ポジティブな未来を思い描くことすらできず、ネガティブな感情ばかりに苛《さいな》まれ、結果的には自暴自棄《じぼうじき》にも陥《おちい》ってしまうものです……。

そして、周囲を悪く言って傷付け、修復《しゅうふく》できない不和を招いたり、友人知人からの信用を無くし孤立したり、挙《あ》げ句《く》の果てには生きてゆく気力を失ったり……。

現在のわたしは、そのようには見えないかもしれませんが、悲観《ひかん》的な人生観から抜け出せず、ただ、もがき続けるという長い日々を経験してきたひとりなのです。

しかし改《あらた》めて思い出すと、どんな苦難にある時でも、わたしを助けようとする存在が明らかにいたことを思い出します。

ゆえに今こうして、自分が笑って幸せに生きていられるのですから。


過去も現在も事実上、この世からもあの世からも、いろいろな方々に導《みちび》いていただき、お力添《ちからぞ》えいただき、計《はか》り知れないほどの愛を受けながら、わたしは活《い》かされております。

だからこそ、今度はわたしが必要な方々にできる限り、これまでいただだいた御恩《ごおん》を返してゆきたいのです。


〝自分にはいったい何ができるのか!?〟日々自問自答しながら、わたしは必要な方に向けて、ひたすらことばを紡《つむ》いで生きてまいります。

自身の経験から絞《しぼ》り出されたことばが、霊媒《れいばい》としてのわたしを通じて降《お》ろされる異次《いじ》元《げん》世界からのことばが、誰かの癒《いや》しとなり、導《みちびき》となり、力となりますことを切望《せつぼう》いたしております。

先人《せんじん》が残してくださった、わたしの大好きなことばをご紹介します。
それは、

〝苦あれば楽あり♥〟

あなたの未来には必ず
楽しいことがたくさん待っています!!
だからこそ
今の苦難を楽しんでください♥
みなみなうれしうれしたのしたのし
かわるかわるありがたいありがたい

神人　拝

光

雲の扉《とびら》　開く光
虹色《にじいろ》の花びら舞う
天空（そら）と地球つなぐ
神々の道
ヤンヤーエーヨー　ヤンヤーエーヨー
ヤンヤーエーヨー　ヤンヤーエーヨー
ハーアッハーアッ
土と森と水の匂い
覚醒《めざ》めさせる愛の風
未来唄う言《こと》の葉《は》
光の調べ

神人氏のCDより　作詞 神人　© 神人

感謝

ありがとう　ありがとう
ありがとう　あなたに
見守ってくれて　支えてくれて
愛してくれて　感謝します
ありがとう　ありがとう
ありがとう　あなたに
出逢えたことが嬉しくて
生まれ変わっても　また逢いましょう
ありがとう　ありがとう
ありがとう　みんなにありがとう

和

◯（わ）になりましょう　和の中に
⊙（わ）となりましょう　笑いましょう
生まれ変わる未来を願いましょう
生きているすべてが大切な大切な生命体（いのち）
いろんな形　いろんな色
すべて尊い役割がある

◯（わ）になりましょう　和の中に
⊙（わ）となりましょう　世界中で
生まれ変わる心を見つめましょう
地球もみなすべてが喜びの喜びの光

いろんな生命体（いのち）　いろんな人種（ひと）
みんな尊い生き方がある
◯（わ）になりましょう　和の中に
愛⃝（わ）となりましょう　愛しましょう

あなたも誰かのために在《あ》り
あなたもみんなの宝物
地球は変わり和の中に

大きな☉（わ）に
喜⃝（わ）となりましょう
大きな☉（わ）に
喜⃝⃝（わ）となりましょう

喜心（よろこびごころ）

喜悦（うれ）しや喜悦（うれ）し　みんな喜悦（うれ）しや
喜びの種《たね》　育てましょう
喜悦しや喜悦し　みんな喜悦しや
喜びの花　咲かせましょう
アイヤッ　ハッハッハッハイヤッサッサー
ハッハッハッハ　ハッハイヤサッサー

笑いましょう　笑いましょう
太陽と月の下で
生まれたことを喜びましょう
生きてることを喜びましょう

アイヤッ　ハッハッハイヤッサッサー
ハッハッハッハ　ハッハイヤサッサー

歌いましょう 歌いましょう
地球の鼓動《こどう》とともに
神々の声を聴《き》きましょう
心のままに歌いましょう
アイヤッ　ハッハッハイヤッサッサー
ハッハッハッハ　ハッハイヤサッサー

踊《おど》りましょう 踊りましょう
湧《わ》き出る喜びのままに
心の扉 開きましょう
出逢えたこと 喜びましょう

アイヤッ　ハッハッハッハイヤッサッサー
ハッハッハッハ　ハッハイヤサッサー

笑いましょう 笑いましょう
世界中で笑いましょう
すべてを許《ゆる》し 笑いましょう
地球の未来 和来（わらい）ましょう
アイヤッ　ハッハッハッハイヤッサッサー
ハッハッハッハ　ハッハイヤサッサー

笑いましょう 笑いましょう
笑いましょう みんなで
笑いましょう 笑いましょう
笑いましょう　いつまでも

アイヤッ　ハッハッハッハイヤッサッサー
ハッハッハッハ　ハッハイヤサッサー

笑いましょう　いつまでも……

出逢い

この世に生まれ出逢った　すべての人たちよ
かけがえのない優しさをありがとう
生まれ変わっても　再びまた逢いましょう

あれから何年経ったのでしょう？
あれからずいぶん変わってしまったね……

目を閉じれば　ほらあなたの顔が
今でも笑ってる　僕を見てる

この地球（ほし）に生まれ
出逢ったすべての人たちよ
かけがえのない想い出を　ありがとう
僕はいつまでも歌ってる
いつの日かまた逢いましょう

あれからいろいろあったね……
あれから今まで話しきれないくらい……
また出逢えた現在（いま）心が震える

これから始まる　未来が始まる

今日この日　心からありがとう
人と人の繋《つな》がりに　ありがとう
世界に拡がって繋がって
みんな幸せになりましょう

あぁ　こんなに　あぁ　素晴らしい
素晴らしい出逢いを　ありがとう
あぁ　こんなに　あぁ　素晴らしい
素晴らしい繋がりを　ありがとう
素晴らしい出逢いを　ありがとう

大丈夫

ずっと塞《ふさ》ぎこんでた
ひとりぼっち部屋の片隅《かたすみ》で
何で生まれてきたんだ
何でいつもこうなんだ
生きていくのが辛くなった時
誰かが耳元で囁《ささや》いた

大丈夫　これからはすべてが変わる
生まれて良かったと　笑える時が来る
たくさんの人たちが　君との出逢い待ち侘《わ》びてる
大丈夫　これからはみんなに君は愛される

さぁ笑って言えるよ　みんなにありがとう
すべてが変わる　新しい自分に変わる
大丈夫　大丈夫

誰かを悪くばかり言ってた
誰かを傷つけてばかりいた
どうすればいいんだ
何が出来るっていうんだ
自分を責《せ》めてばかりいた
誰かが耳元で囁いた

大丈夫　これまでのすべては許《ゆる》される
あなたの流した偽《いつわ》りのない涙
すべてが変わる　新しい扉　開かれる

大丈夫　あなたは確かに人として学んだ
生まれて良かったと　笑える時が来る
すべてが変わる　新しい自分に目覚める

淋しさも悲しみも憎しみも何もかも
これからのあなたにとって
必要だった学びなんだ
大丈夫　これまでのすべてにありがとう
さぁ　笑って言えるよ
今こそありがとう
生きてきた　出逢ったすべてにありがとう

あなたの流した偽りのない涙
すべてが許される

喜びに抱かれてゆく
淋しさも悲しみも恨みも何もかも
これからのあなたにとって
必要だった学びなんだ
生まれてよかったと　笑える時が来る
すべてが変わる
新しい世界に目覚《めざ》める

大丈夫　世界中変わる
変わる　大丈夫　大丈夫
地球　大丈夫
みんな大丈夫

命

光の中に君を映《うつ》し出す時
出逢えたことに嬉しくて　目を細めた
なぜに生まれてきたの　君は悩むけど
それはこの地球に　あなたが必要だから

この世に舞い降りた生命体（いのち）は
それぞれに使命（いみ）を持つ
すべてが尊《とうと》い役割を担《にな》うために生きてるんだ
たとえ世界が君を判《わか》ろうとしなくても
かけがえのない　地球の大事な命の⊙（ひとつ）

未来の地球　心に写《うつ》し出す時
愛し合うことに自然な世界でいたい
だから　祈るんだ
幼い笑顔を育《はぐく》むため
現状（いま）の悲しさに負けないで生きて
導《みちび》かれるまま
闇《やみ》に隠れてる月が顔を出すから
やがて　いつの日か　みんな変わって
この地球（ほし）は生まれ変われる

廻《めぐ》る廻るよ生命（いのち）
生まれ変わるよ生命（いのち）
愛しているよ君を　愛されてるよ君も

大事な出逢いの⊙（ひとつ）
大事な生命（いのち）の⊙（ひとつ）

⊙（いのち）生まれ変わる
地の神さまより体◯をお貸しいただき
いろいろな想念を学ばせていただいている霊《れい》
すべて必要である
ゆえに　ある

すべてが役割を担《にな》う
ゆえに生まれる
愛　あい　ーーうーーえーーお

神

ヤーレ　ヤーレ　ヤーレ　ヤーレー
ヤーレ　ヤーレ　ヤーレ　ヤーレー
村の鎮守《ちんじゅ》のお祭りじゃー
八百万《やおよろず》の神さまじゃー
天地人《あめつちびと》みな繋がろう
唄や踊りのひもろぎじゃー

ヤーレ　ヤーレ　ヤーレ　ヤーレー
ヤーレ　ヤーレ　ヤーレ　ヤーレー
水は命の神さまじゃー
姿《すがた》形《かたち》七変化《しちへんげ》じゃー

天地人《あめつちびと》巡り巡り
宇宙旅する神さまじゃー
ヤーレ　ヤーレ　ヤーレ　ヤーレー
ヤーレ　ヤーレ　ヤーレ　ヤーレー

うれしうれし　たのしたのし
神は御魂（いのち）の御仕組《おしくみ》じゃー
みなの命の親さまじゃー
親神　子神　孫神と
みな神さまの分魂（ぶんしん）じゃー
ヤーレ　ヤーレ　ヤーレ　ヤーレー
ヤーレ　ヤーレ　ヤーレ　ヤーレー

うれしたのしの御祭りじゃー

感謝感謝の御祭りじゃー
毎度おおきに御蔭《おかげ》さま
神々さまのお出ましじゃー
ヤーレ　ヤーレ　ヤーレ　ヤーレー
ヤーレ　ヤーレ　ヤーレ　ヤーレー
ヤーレ　ヤーレ　ヤーレ　ヤーレー
ヤーレ　ヤーレ　ヤーレ　ヤーレー

第3章

自分を楽にしてあげる方法

あなたを楽にしてあげましょう

わたしは、いつの日からか頑張《がんば》り過《す》ぎて生きていました。時間を有効的《ゆうこうてき》に使うことに捉《とら》われ、詰《つ》め込み過ぎた生き方に慣《な》れてしまっていたのです。

人は苦しみに慣れてしまうと、当たり前と思い込み、それほど苦しみとして感じなくなってしまいます。

人は余裕《よゆう》がなくなってしまうと、自他共《じたとも》に優《やさ》しい対応《たいおう》ができなくなってしまいます。ネガティブな感情が多くなり、人間関係にも支障《ししょう》をきたしたり、こころもからだも共に麻痺《まひ》してしまうのです。

そして時は流れ、わたしは少しずつ慢性的《まんせいてき》な肉体の異変《いへん》を通じて、ようやく悟《さと》る時期が訪れました。

「このままではいけない気がする……」と切実《せつじつ》な自問自答《じもんじとう》から、「しなければならない」

という自身に対する過ぎる行為《こうい》をひとつずつ止めてゆこう！　と、葛藤《かっとう》を繰り返しながら、ようやく決意《けつい》し、ひとつずつ軌道修正《きどうしゅうせい》する経験をしました。

それからは自分に対して、ゆっくり過ごす時間を許す。頑張り過ぎない。眠りたいだけ眠る。呆《ほう》けたいだけ呆ける。何もしない時間を楽しむ。好きな生き方をする。

それは無駄な時間ではなく、駄目《だめ》なことではなく、心身を健康に戻すための大切な休養《きゅうよう》時間であり、本来あるべき生き方である、と理解を深め、実践《じっせん》するに至《いた》りました。

すべての苦しみは「何かを変えなさい」という教えであると、わたしは思います。

自分の思い込みが作り出す罪悪感《ざいあくかん》や切迫感《せっぱくかん》を見直し、軌道修正する必要があるという大切な学びであるのです。

ですから、**あなたを楽にしてあげられるのは、最終的にはあなただけです。**

こころとからだを、本来の喜びを感じられる状態になるように、楽にしてあげましょ

う。解《と》き放つのです。

生きるとは、苦しむことに慣れてゆくことではなく、生きている喜びを味わうことなのですから。

宜《よろ》しければ、あなたのこころとからだを喜ばすヒントや答えがたくさん記載《きさい》してある、前著書『じぶんでできる浄化の本』（徳間書店）もご参考いただけましたら幸いに存じます。

みなみなうれしうれしたのしたのし
かわるかわるありがたいありがたい
すばらしいすばらしい！　みらいへ♥

神人　拝

楽

楽になりましょう
楽に考えましょう
楽に生きましょう

こころの世界は
苦しくよりも
嬉しく！
楽しく！
有《あ》りがたく！
を選べば良いのです

過去の浄化の仕方

人生に無駄《むだ》はない
すべて必要な経験のみです
だから必要な
出会いだったのです
ありがとうございました
過去の浄化の仕方

恵み

あなたは恵まれています
数えきれないほどの

自分の人生

素晴らしい恵みを得ています
恵まれていることを
深く理解することです
そうすれば
感謝する生き方に変わります

いろんな人生がある
いろんな人生があっていい
あなたが何を選ぶかは
あなたにとって
喜びとなるものでいい
なぜならあなたの人生なのだから

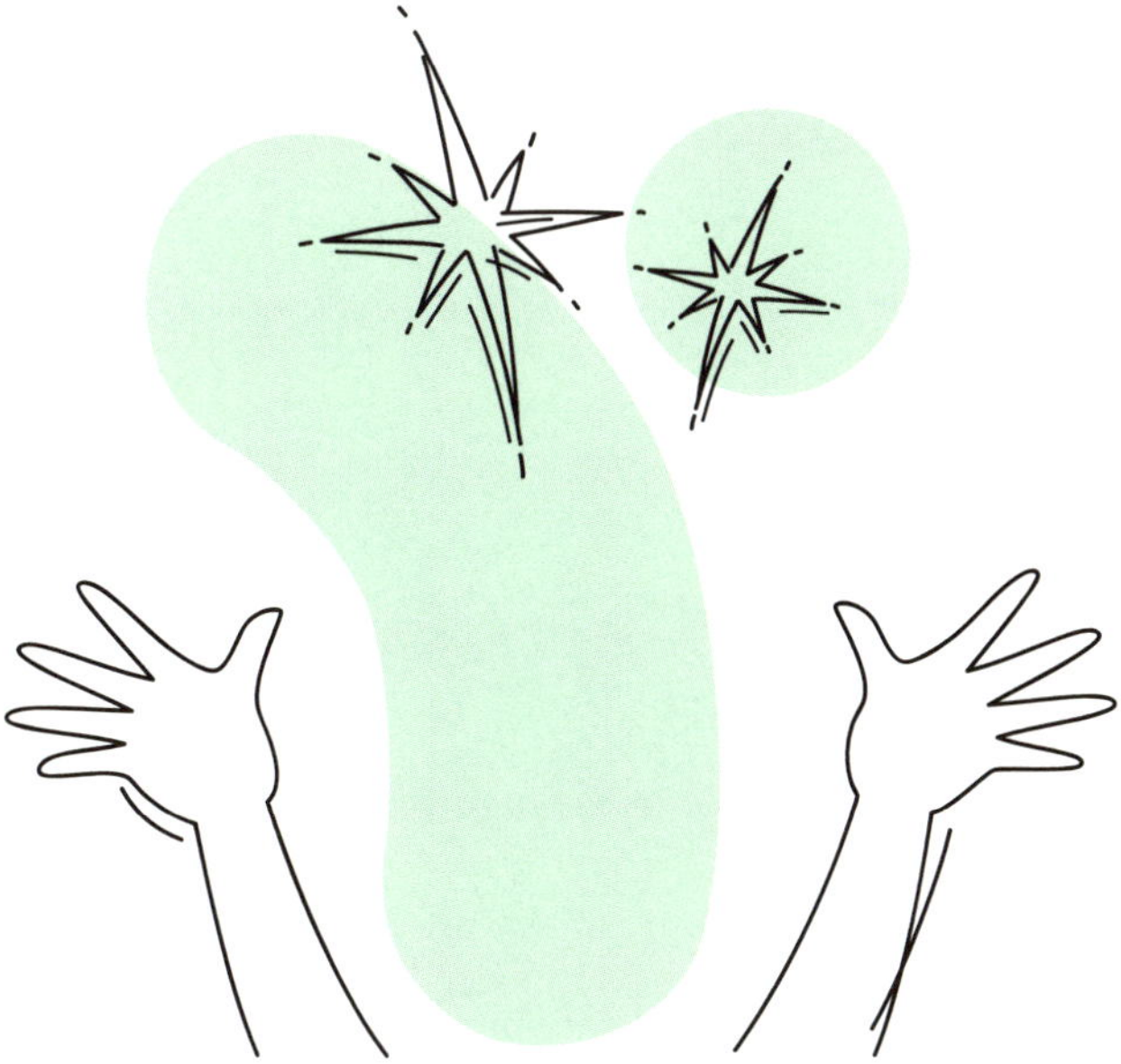

あなたの役目

あなたの役目とは
あなたを生きることです
あなたが自身の特性《とくせい》を認め
あなたらしく生きることです

あなたがしたいように
今日を生きれば良いのです

それがあなたの役目です

笑う

笑うことを習慣《しゅうかん》としましょう
それだけでも多くの問題が
解消《かいしょう》されてゆきます！

笑い方にもいろいろあります
笑いの種類や質《しつ》や間《ま》の取り方
〝より良き笑い〟を求めましょう

笑わない人生よりも
笑い多き人生のほうが愉《たの》しいです
あなたも〝笑う人〟になりましょう

我《が》慢《まん》しない

疲れたならば休めばいいのです
無理をしなくてもいいのです
ねばならない！　はないのです
思い込みが
そこにあるだけです
手放せれば楽になれます

無責任ということではなく
我慢し続ければ
苦しいだけなのです

違う選択もあります

苦しみ続ける癖《くせ》は止めましょう
喜び続ける選択を与えましょう
生きることが嬉しくなりますから

自分を喜ばせることが大切です
そしてたくさん笑うことなのです

ゆっくり

休む
任《まか》せる
何もしない
何も考えない
呆《ほう》ける

ただ眺《なが》める
ただ聴《き》く
ひたすら眠る
自分が自分に与えなければ
与えられることがありません

罪悪感《ざいあくかん》　責任《せきにん》感
切迫《せっぱく》感　義務《ぎむ》感
緊張《きんちょう》感　脅迫《きょうはく》感……
を手放すこと

心身の健康を保つために
計画的にゆっくりしましょう

旅

思い切って旅をしましょう
何も考えず気の向くままに

お金をかけずとも旅はできます

ただひたすら同じことを
繰り返して生きるよりも
変化に富《と》んだ旅をしましょう

初めて観《み》る景色《けしき》を
気が済むまで眺め
見知らぬ街をひとりで

ゆっくり歩きましょう
湯に浸《つ》かり
ボーッとしながら……
それでいいんです
しばらくはそれで……

人生

いざとなったら
すべて止めてしまえばいいのです

たとえ仕事やお金や夢
恋愛や人間関係……

それらを失ったとしても
生きてさえいれば
人生は展開《てんかい》してゆきますから

ただ死ぬことだけは
絶対《ぜったい》に止めたほうがいいです
必ず後悔《こうかい》する因果《いんが》となるから

生きていればまた
必ず面白いことが起こりますから

課題

今　苦しみと感じているものを
解消することが
今　与えられている課題です

どうすれば良いのか？

必ず解消する　できる！
と思うことから始まります

そのためには今何が必要か？
何かを手放すことなのか？
何かを得ることなのか？

時に委《ゆだ》ねれば良いのか？
苦しみを解消する術《すべ》は
必ず与えられるものです

疲労《ひろう》

こころもからだも疲れるものです
だから休みは必要不可欠なものです

しかしいろいろな事情により
無理をする場合があります
結果的に疲《つか》れが蓄積《ちくせき》し
苦しくなります……

疲労に見合う休養《きゅうよう》を与えること
それは絶対に
お座《ざ》なりにしてはいけません

本音をことばにする

我慢《がまん》し苦しいならば
声に出してごらんなさい
本音《ほんね》をことばにしてみなさい

誰かを傷つけるような
内容であるなら
周囲を巻き込まないように配慮《はいりょ》して

解放《かいほう》

自分だけの日記に
書き綴《つづ》ることもできますから
自問自答するための有効《ゆうこう》な手段
社会人として生きること

ゆっくり　ゆったり
ゆる～く過ごす

時には心身のバランスを考えて
周囲とのコミュニケーションも含め
自他《じた》を解放させることが大切です

いつか忘れる日が来る

忘れようとして
忘れなくていいのです
いつか忘れる日が来るものです

想い出せばいいのです
何度も何度も想い出せばいいのです
気が済《す》む日が来るものです

表情にし　声にし　言葉にし
思いを表現すればいいのです
何かが変わり
終わる日が来るものです

そうやって誰もがみんな
変わり続けるものですから

願《がん》望《ぼう》の意味

自身が何を望んでいるのか？

心から望むことには
必ず深い意味があります
あなたの成長に
必要不可欠なことです

自身の願望に対し理解を深め

日々与えられるものを
ひとつずつ与え続けてゆくことが
生きる歓《よろこ》びとなります

お試《ため》し

安心していいのです
それがあなたの真《しん》の望みなのですから

不安でいなければならない訳《わけ》ではなく
不安でいたいのかどうか？
という〝お試し〟を受けているのです

わたしは安心を選びます

あなたも安心を選べます
安心でいる？　不安でいる？
〝心の問題〟なのです

短《たん》気《き》は損《そん》気《き》

ゆっくり考えてから行動する習慣を
〝短気は損気〟
焦《あせ》らなくていいのです！

〝競争意識〟が
無意識にあなたを苦しめています

いずれにしても信号は赤となり
必ず止まらなければなりませんから
笑顔でのんびりまいりましょう

自分へ

自分を認めます
自分ならできます
自分からします

自分で良かった
自分を理解します
自分を生きます
自分に与えます

自分に伝えます
自分は愛される
自分が好きです

繰り返し何度でも
自分に言いましょう

ありがとう

惜《お》しみなく言いましょう
「ありがとう」

あなたの人生を
より豊かにします

多くの人たちに
愛される人となります

「○○○してくれて
ありがとうございます」

周囲の人たちが
笑顔となり
喜んでくれます

あなたの「ありがとう」は
未来を明るく変えます！

自己愛

やりたいことをやる自分を
許してあげましょう♥
やりたいことをやるために
生まれてきたのですから

自問自答しながら生きる

悔《く》いが残らないことが大切です
最後は自身の感覚的な判断です

すべては自己責任であり

自己決定の因果《いんが》ですから
それぞれで良いのです

それが本当に自分にとっての
〝喜び〟なのだろうか？
と自問自答しながら
自分らしく生きてゆきましょう

無氣力《むきりょく》

何をしたいのか？
何も分からない……
何もする氣力《きりょく》が湧《わ》いてこない……
いったいどうすれば良いのか……？

そんな時は
無氣力の状態を学ぶ課題と捉え
何もせずに心身を休めれば良いのです
心とからだに
優しく向き合えば良いのです

罪悪感《ざいあく》や切迫感《せっぱく》を手放し
五感を喜ばせたり
ひたすら眠ったり
喜びにだけ意識を向け続け
のんびりと過ごせば良いのです

無氣力を愉《たの》しむ時期
というのもあるのです

すべては変わる

変わらないものはありません
すべてが変わり続けます

より喜びに向かって
少しずつ少しずつ変わります

今日よりも明日
明日よりも明後日《あさって》

みんなより良くなりたいのです
ただ価値観《かちかん》や方法論が違うだけです

だからみんな　より良くなります
遅いか早いかの
違いがあるだけなのです

出会い

誰かと出会い変わります
変わるために出会います
出会うために生きます

出会いにはいろいろとあります
人や動物や植物
場所や物や趣味
自然や出来事や疑問《ぎもん》……

出会いがあるから
いずれも面白いのでしょう
必要だから
また人は出会うのでしょう

余裕《よゆう》

余裕があると
人は穏やかに行動できます
余裕がないと
不安になったり

怒りっぽくなったり
利己的《りこてき》になったり
負《ふ》の想念に繫《つな》がりやすくなり
嫌《いや》な人間になります

こころの余裕とは

時間の余裕
お金の余裕
体力の余裕
能力《のうりょく》の余裕
感情の余裕
経験の余裕
人間関係の余裕
知識《ちしき》の余裕……
などが含まれます

そして
おそらくみんなが
余裕＝こころのゆとり＝安心感＝幸福感
を求めて生きているのでしょう

ひとつずつ得ながら
余裕のある年の重ね方をしたいものです

自分を楽にしてあげる方法

答えは常《つね》に自分の中に顕《あらわ》れるもの
自分を見つめ
納得《なっとく》できたなら

自分に言い聞かせてあげよう
己《おのれ》にとって今はこれで良い！

もしも変わりたくなったなら
思うままに変わって良い！

自分を楽にしてあげる方法
自分で自分を愛すること
一番の味方になってあげることが
生きてゆく上で
何より大切なこと

あなたらしい生き方

あなたを好きな人もいる
あなたを嫌いな人もいる
あなたを尊敬《そんけい》している人もいる
あなたを軽蔑《けいべつ》している人もいる

あなたの周りには
常《つね》にいろいろな人が
必ずいるということ

しかし　あなたは
あなたらしい生き方が望ましい

相手との距離《きょり》感《かん》

判《わか》らない人は判らないもの
聞かない人は聞かないもの
合わない人は合わないもの

そのことを己《おのれ》が理解できたなら
相手との距離感を考えながら
無理せず関わってゆけば良いのです

また傷つけ合うくらいならば
無理をして関《かか》わらなくとも良いのです
何故《なぜ》なら
自《おの》ずとそれぞれの資質《ししつ》に見合う

人間関係が築《きず》かれてゆくものだから
類《るい》は友を呼ぶ
似《に》た者同士は集《つど》うもの
心身の健康には
無理をしない人間関係が大切です

未来を顕在化《けんざいか》する方法

自分の未来は
自分で作ることができます
「思う」「言う」「行《おこな》う」
一連《いちれん》の流れすべてが必要です！

思考を選ぶこと
ことばを選ぶこと
行動を選ぶこと

未来を顕在化《けんざい》する方法です
誰かに思考操作《しこうそうさ》されないことが大切です

御役目《おやくめ》

すべての存在には
必ず御役目が与えられています
動植物《どうしょくぶつ》や微生物《びせいぶつ》に至るまで
すべての存在に！

ましてや人間は
ひとりひとり大切な御役目があり
個々《ここ》に気付く時期が
異《こと》なるだけなのです

みんな〝何かを変える御役目〟です
だから本当は
みんな素晴らしいのです！

身の丈《たけ》を知る

人に良く思われたい
早くみんなから評価されたい
という承認欲求《しょうにんよっきゅう》が強い

背伸びしたい時期というのは
誰もがあるでしょう

それゆえに
無理し過ぎてしまう場合もあり
結果的には自分が苦しくなり
周りにも迷惑《めいわく》をかけてしまいます

それは
〝身の丈《たけ》に合っていない〟
ということなのですから
無理せず焦《あせ》らずゆっくりと
ひとつひとつ丁寧《ていねい》に　今すべきことを
してゆけば良いのです

痛み

からだの痛みに対して
時間をかけて思いを込めて
両手を当ててみましょう

ごめんなさい♥
ありがとう♥
これからもお願いします♥

その思いが
からだの痛みを癒《いや》してゆきます

気持ちの世界

相手に
思いを向けてみることです
こころで話しかけてみることです
想像《そうぞう》し触《ふ》れてみることです
あなたの思いは必ず伝わります

生きている人にも
亡くなった人にも
動物・植物・微生物にも
自然や地球にも

気持ちの世界は

目には見えない
耳には聞こえない
他と繋《つな》がるためのツールです

楽に生きるとは?

楽〜に生きる
それが答えです

ゆっくり過ごす
慌《あわ》てない　競《きそ》わない
奪《うば》わない
求め過ぎず足るを知る

今必要なものは
十分与えられている
ということを知れば
楽になります

第4章

出会いの意味

必要な学び

出会いには必ず意味があります
如何《いか》なる感情に出くわしても
それは〝あなたに必要である学び〟です

出会いの意味

すべての出会いには
それぞれに必ず意味がある
何故《なにゆえ》に出会ったのか？
答えは　必要であるから

因縁《いんねん》を解消するため
互《たが》いを成長させるため
約束を果たすため
力添《ちからぞ》えするため
より喜びを得るため……

すべての出会いには
いずれ必ず
別れが訪れるもの

だからこそ
出会えているひと時を
ひとつひとつ大切に致《いた》したい
今生《こんじょう》も出会ってくださり
どうもありがとうございます

順調

もしも出会っていなかったら？
きっと今の自分ではなかったはず……

あれもこれも
どれもみんな
今のようにはなっていなかったはず……

それが答えとして理解できたら
こころから喜びを味わえるのです
「あなたに出会えて良かった！」

ありがとう！

ありがとうございます！
ありがとうございました！

だから自分の人生は
これまでも　これからも
〝極《きわ》めて順調《じゅんちょう》である〟
と言い切れる今が
とても嬉《うれ》しいのです

見《み》極《きわ》めること

人が人と繋《つな》がろうとする時
必ず目的があります

友達になりたいから
仲間になりたいから
知り合いたいから
恋愛したいから

勧誘《かんゆう》したいから
商売したいから
情報がほしいから

興味があるから
誇示《こじ》したいから
暇《ひま》を潰《つぶ》したいから

洗脳《せんのう》し操《あやつ》りたいから
不和を起こしたいから

騙《だま》して陥《おとしい》れたいから……

初めは良かったけれど
途中から悪くなる場合も
初めは悪かったけれど
途中から良くなる場合も

善なる目的も悪《あ》しき目的も
途中《とちゅう》経緯《けいい》の変化も……
人間関係はいろいろとあるものです

だからこそ
〝人を見極《みきわ》めて付き合うこと〟
が必須《ひっす》となるのでしょう

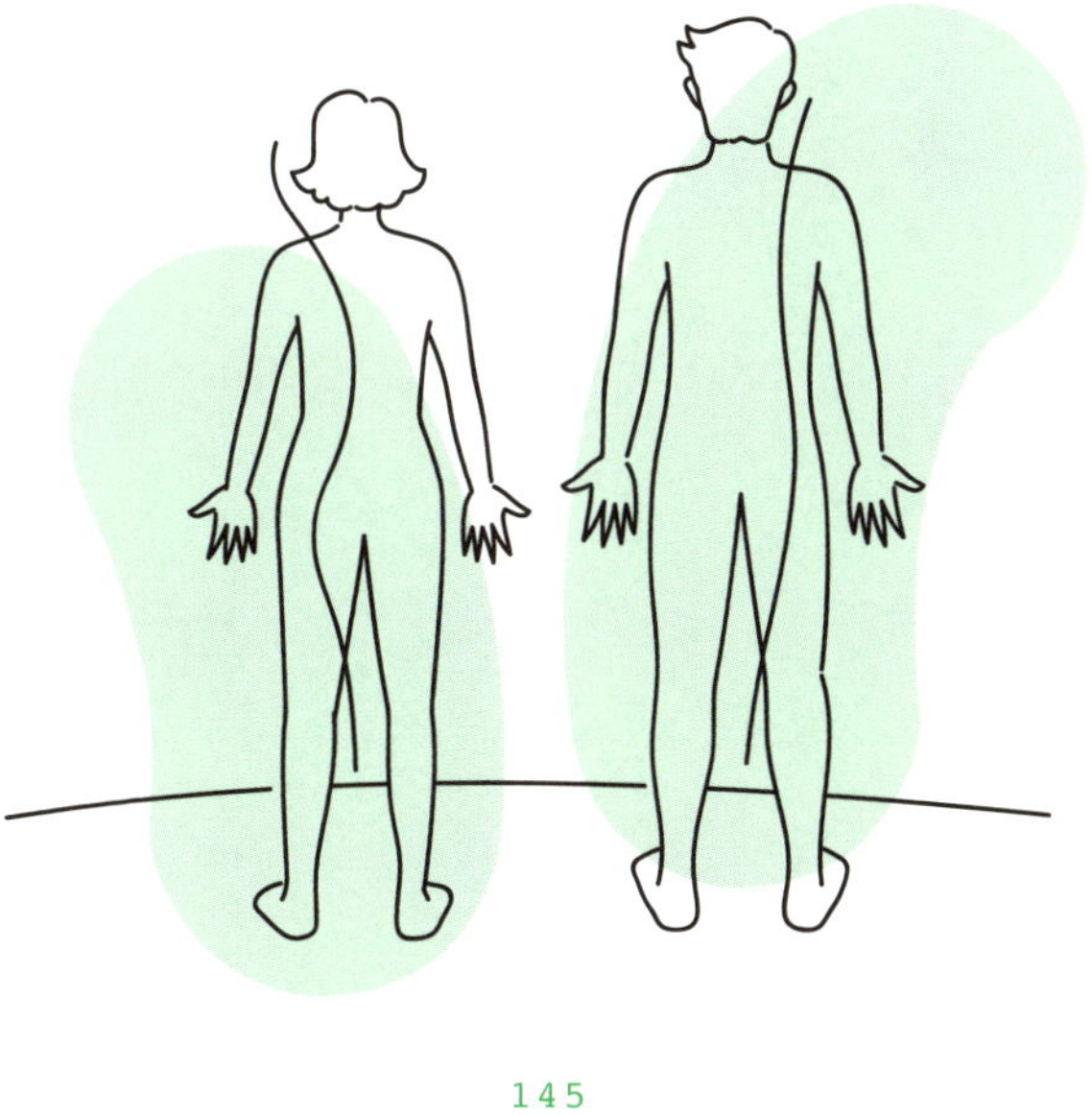

人間関係とは

配慮《はいりょ》できる人＝空気を読める人＝理性的
＝相手の気持ちになれる人＝他愛《たあい》意識の高い人
＝経験値《けいけんち》が高い人＝視野《しや》の広い人＝協調的な人
＝喜ばれる人＝靈性《れいせい》の高い人となります

その反対は
配慮できない人＝空気を読めない人＝感情的
＝相手の気持ちになれない人＝他愛意識の低い人
＝経験値の低い人＝視野の狭《せま》い人＝自己中心的な人
＝喜ばれない人＝靈性の低い人となります

人と人　男性と女性　組織《そしき》と組織

地域と地域　国と国も同じことです
世界の平和を誠《まこと》に願うならば
まずは身近な人間関係から見直しましょう

必要だから出会う

人が人と出会うには
出会うだけの理由が必ずあります
一言で申《もう》すなら
〝必要だから出会う〟のです
わたしにとってどうして必要なのか？
ひとつひとつの出会いの意味を理解することが
学びであり　因縁解消《いんねんかいしょう》であり

靈性《れいせい》進化であり
今生あなたに与えられている課題なのです

ひとつひとつの出会いに対して
感謝を手向《たむ》けることができたなら
きっと合格ということになるのでしょう

永遠に出会いと別れは繰り返されます
お互いにとって必要であるがゆえに
人はみんな出会い　そして別れるのです

いつか必ず別れる時は来るのですから
悔《く》いのないように
御縁《ごえん》を大切にする生き方
ひとりひとりを大切に思う接《せっ》し方が

望ましいのです

ありがとう　ありがとう　ありがとう
今生も出会ってくれてありがとうございます

好きな人

人が人を好きになる時
それは化学反応と同じであり
［自分］＋［相手］＝［歓喜《かんき》］
となったということなのでしょう

それは〝素晴らしい体験〟です
そして〝好きになる〟ということにも

いろいろな種類があります

同性として
異性として
友人として
仲間として
恋人として
夫婦として
家族として

親戚《しんせき》として
人間として
上司として
部下として
先輩として

後輩として
同僚《どうりょう》として
隣人《りんじん》として
憧《あこが》れの存在として
惹《ひ》かれる人として
尊敬《そんけい》の存在として
……
いずれにしても
好きな人ばかりであれば
毎日が幸せですね♥

結婚相手

フィーリングが合う人
価値観《かちかん》が近い人
一緒にいて楽な人
自分らしくいられる人

いざという時に頼れる人
自分の話を聞いてくれる人
尊敬《そんけい》できる所がある人

自分の味方になってくれる人
自分を励《はげ》まし支えてくれる人
一緒に生きてゆきたい人

外見《がいけん》や肩書《かたが》き　家柄《いえがら》よりも
大切な結婚条件のように
わたしは思います

生まれ変わり

出会ってきた人
出会っている人
出会ってゆく人
いずれの人もみな
過去生《かこせい》で出会った人であり
時を経《へ》て再会している場合が
ほとんどなのです

そのことを理解すれば
現在の関係性や
その方に対する感情の理由も
分かってきます

人と人の出会いと別れは
因縁因果《いんねんいんが》の仕組《しく》みなのです

繰り返される物語

去《さ》る者は追わず
来る者は選びながら
今与えられている

御縁《ごえん》を慈《いつく》しむことです

いつまでも過ぎ去った景色《けしき》に
想いを馳《は》せ憂《うれ》うことではなく
現在あなたの目の前にある景色を
一期一会《いちごいちえ》として貴《とうと》ぶことです

「さようなら」と
「ありがとう」は
同じ５文字ではあるが
背中合わせであり
日々繰り返される
泡沫《うたかた》の物語です

季節の移り変わり

別れとは
終わりを意味する
季節の移り変わりである

悲しみ　寂《さび》しさ　憤《いきどお》り
いずれも歳月《さいげつ》と共に
ゆっくりと色彩《しきさい》を変えながら
懐《なつ》かしき一枚の絵となる

いずれにせよ
すべての別れは必ず
記憶《きおく》の中の一枚の絵となる

そしてどんな絵からも
学びがもたらされる

いつの日か
必要として与えられた
出会いであったことを知るに至《いた》る

一《いち》期《ご》一《いち》会《え》の気持ち

人間関係は季節の如《ごと》く変わってゆくもの
死ぬまで親しく付き合える人は
ほんのごく僅《わず》か
みんなそれぞれの価値観《かちかん》
人生観の中で生きています

故《ゆえ》に出逢いと別れは必須《ひっす》なるもの
『一期一会』
出逢ってくださり
どうもありがとうございました
皆様に感謝感謝感謝感謝

第5章

自分の命があと1年だとしたら

あなたがすべきこと

自分の命があと1年だとしたら
あなたは何を望まれますか？

誰に会いたいですか？
誰に何を伝えたいですか？
誰と何をしたいですか？
誰と何処《どこ》に行きたいですか？
何を残したいですか？

それが　今のあなたであり
あなたがすべきことなのです!!

悔いのない人生をお過ごしください

生まれて来た理由

誰かに会うため
何かを変えるため
新たに学ぶため
何かを作るため
いろいろ経験するため
貴方が変わるため……

生きてゆけば
生まれてきた目的を
果たすことになるのでしょう

もしできなければ
来世《らいせ》にすれば良いのでしょう

悔《く》いのない生き方

人はいつ死ぬか分かりません
いつの日かあなたが死ぬ時
自分の人生を振り返ってみて
「とても有意義《ゆういぎ》な良き人生でした
皆様どうもありがとうございました」
とこころから思えるかどうか？　は

決《けっ》して誰かの所為《せい》ではなく
あなたの考え方と生き方次第《しだい》です

あなたが「死ぬ」時
それはもしかしたら
来年かもしれません……

もしそうだとしたら
あなたは
どんな春夏秋冬を過ごしますか？
悔いのない
本当に幸せな生き方とは……？
どんな生き方でしょうか？

死ぬ時は必ず来る

人はいつどこで　どのように死ぬかは
誰にも分からないものです

その時はもしかしたら
今日なのかもしれません
明日なのかもしれません
来年なのかもしれません

あの時ああすれば良かった
もっとこうすれば良かった
そうしなければ良かった……

結果論《けっかろん》としては
いくらでも言えることなのですが……
ほとんどの人がそのような死を
想像《そうぞう》していなかったことになるでしょう

自然
病気
事故
災害《さいがい》
他殺《たさつ》
自殺

いずれかの死に方で
人は必ず死ぬことになります
どのような死であれ
受け入れざるを得ないのです

死んだら誕生《たんじょう》から死亡までの
喜怒哀楽《きどあいらく》すべての記憶を
必ず見させられることになります

そして納得するまで
自問自答させられるのです

自分が死んでも
あなたが関わっている人が死んでも
悔いのないように日々を過ごしましょう

それならば
あなたはどのように生きますか？
悔いのない生き方とはいったい？

変化

人は死んでから分かることもあります
自他《じた》の過去を見させられることで
真偽《しんぎ》を確かめたり
無知《むち》な部分を学ばされたり
再《ふたた》び経験させられたり

だから遅《おそ》し早《はや》しの違いでもあり
人はいつか必ず
変わるものなのです

しかし生きているうちに

誰かのことばや経験により
省《かえり》みることができれば
とても望ましいことです

残りの人生が
より良くなるということですから

命より大切なもの

あなたの命より
大切なものはありません♥

この世で一番大切なものは

1. 命
2. 健康
3. 安心
であるとわたしは思います

ですから我々は
命や健康を守るために
真剣《しんけん》に行動する必要があります

それは情報の真偽《しんぎ》を
見極めることからです!!

何のために？

なぜ　あなたはそれを行《おこな》っていますか？

お金のため？
知名度をあげるため？
人気を得るため？
仲間を得るため？
時間を活かすため？
惹《ひ》かれるため？
学びたいため？

本心というものは
言動や行動

そして発せられる氣《き》に
必ず顕《あらわ》れているものです

嘘《うそ》をついていても
分かる人には
分かってしまうものなのです

あなたは何のために？

限られた時間

生きられている時間は
限られています
いつ死ぬか？

あなたには分かりません

その前に
いつ病《や》むか？
いつ怪我《けが》するか？
いつ失うか？……
何もあなたには分かりません

だからこそ
限られた時間を
今　分かっていることに
思い付くままに
生きることなのです

あなたの人生なのですから

ことばにする

伝えたいから
変えたいから
残したいから……
わたしはことばにするのです
分かりやすく　丁寧《ていねい》に　心を込めて

わたしができることのひとつとして
わたしという存在を
ことばに残しておきたいのです
いつか死ぬときが来るからこそ
今日もまたわたしは
ことばを綴《つづ》るのです

法則

自然界には
いろいろな法則があります
法則を理解すると
生き方に照らし合わせて
考えられるようになります

ひとつは
同じものは存在しない
ということ

ひとつは
変化しないものはない

ということ
ひとつは
生あるものはいつか死ぬ
ということ

したいことをする

自分の人生を変えたい!!
と思った時は
如何《いかが》すればいいのか?
自分の人生があと一年で終わりだ! と思い
したいことを
すべてすればいいのです

あなたの人生は
必ず驚《おどろ》くほど輝きます

第6章

自分らしく生きる

自分らしく生きる

すべてには
向き不向きがあります

自分に向いていることを選べば良いのです
自《おの》ずと喜びを得やすくなるでしょう
好きなこと
得意なこと
興味《きょうみ》のあること

不向きなことをし続ける
＝自分らしくない生き方している

自分に向いていることを選ぶ
＝自分らしく生きる
＝幸せな生き方をする

学ぶために

なぜ、自分は生まれてきたのか？
その答えを教えましょう

それはいろいろ経験し
学ぶためなのです！
だから毎日あなたは
いろいろな喜怒哀楽《きどあいらく》を経験しているのです

自分

もしもあなたがあなたではなく
別の人になれるとしたら
あなたは誰になりたいですか？

姿《すがた》形《かたち》も　人間関係も　与えられた能力も
すべてが変わってしまうのです

あの人　この人　その人……？

しかしひとつだけ条件があります
それはもう二度と
元の自分には戻れないということです

そして過去の自分の記憶が
少しずつ　少しずつ　消えてゆくのです……

美人になりたいですか？
有名人になりたいですか？
お金持ちになりたいですか？
外国人になりたいですか？
動植物になりたいですか？

自分ではないものへの憧《あこが》れは
誰もが一度は抱《いだ》く感情かと思いますが
自分ほど居心地《いごこち》の良いものは
おそらく無いのではないでしょうか？

何事も分相応《ぶんそうおう》に
因縁因果《いんねんいんが》に応じて与えられているものです

自分と語り合い
理解し　許し　認め　愛し
喜びへと変えてゆくことが
とても大切なのです
なぜなら真の幸福感には
健全《けんぜん》なる自己愛が含まれているからです

自分を愛することができているかどうか？
自分の人生を受け入れられているかどうか？
他を羨《うらや》む気持ちもありますが
まずは今の自分を認める気持ちを育《はぐく》みましょう

たくさん自分を褒《ほ》めましょう
たくさん自分を応援しましょう
たくさん自分を労《いた》わりましょう

与える喜び

いつか死ぬのです
だからこそ
与えられるものは
すべて与えきりたいのです

見えるものだけではなく
見えないものも
心に残るものを

幸せの糧《かて》となるものを
あなたに
みんなに
この世界に
与えられる人になりたいのです

与えられることは
最も貴《とうと》い喜びであるから

あなたを導《みちび》く教師たち

あなたを導く教師は
あなたの周りに溢《あふ》れています
歴史上の人物や有名人

肩書きを持った人々のことばばかりが
素晴らしい訳ではありません

あなたの両親のことば
あなたの兄弟姉妹のことば
あなたが愛する人のことば
あなたの友人のことば
あなたの知り合いのことば

過去のあなたが言ったことば
幼い子供たちのことば

本やテレビ・ラジオからのことば
誰か解《わか》らない心に流れくることば

動物たちのことば
植物たちのことば
自然からのことば
地球からのことば
宇宙からのことば……

あなたがどれだけのことばを
聞くことができる人なのか？
無限《むげん》に与えられる教えの中から
どれだけのことばを受け止められるか？
活かすことができるか？
ということなのです

それは
己《おのれ》の靈性《れいせい》に応じたことばだけしか

得られないものでもあります

幸せとは？

「幸せになりたい！」
そう誰もが望むものです
では、幸せとはいったい何か？
真を理解している人は少ないものです

人はみな価値観《かちかん》が異なるものです
ですから個々の幸せも異なるものです
既存《きぞん》する断定的な幸せの価値観は
他者《たしゃ》に植《う》え付けられたものに過ぎません

〝自分にとっての幸せとは何か？〟
ということを自分が悟《さと》らなければ
己《おのれ》にとっての幸せに向かって歩めない道理《どうり》です
目的地も経路《けいろ》も判《わか》らぬ航海《こうかい》と同じであり
希望が持てず
不安に苦しむものなのです

未来の自分に何を望むのか？
何処《どこ》に向かうべきなのか？
今　何をすべきなのか？
何が必要なのか？　を
先《ま》ずは理解することが大切です

幸せになりたいのであるならば
〝真の自分を知り理解し

そして活かすことです〃
勇気を持ってすれば
いつかきっと
あなたらしい幸せが訪れることでしょう

生きる時間を使う

生きるとは　時間を使うこと
あなたは何をすることに
誰と共に
限られた貴重《きちょう》な時間を使いますか？

時間の使い方がとても大切です

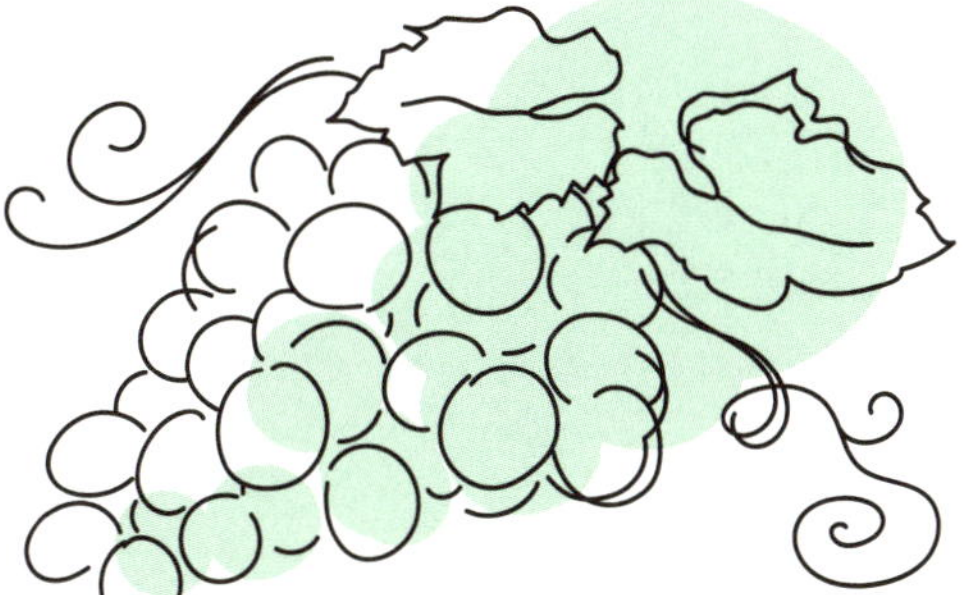

限られている人生時間

自分が何をすべきか？　よく考えること
死んで悔《く》いの残らない日々の在《あ》り方を
みんながそれぞれに考え　行動に移すこと

時間が限られていると考え
時間の使い方を大切にすること
時間に限りがあるとしたならば
何を優先すべきなのか？
何が必要で？　何が不必要であるのか？
取捨選択《しゅしゃせんたく》して生活改善《かいぜん》することです

生きる上で何が大切なのか？

自身には何が欠《か》けていたのか？
本当はどうしたかったのか？
それぞれが考え　行動に移すことです

あなたがこの世界に生まれて
これまで生きてきた経緯を思い浮かべ
出会った人たちや経験したこと
たくさんの思い出を振り返りながら
良き人生であったかどうか？
それぞれに考えましょう

未来はどうなってゆくのか？
すべては人々のこころの問題なのです
どう生きてゆきたいのか？
手放すべきものを手放せるかどうか？

運命はまだ決まっていません

仕事とは経済活動でありますが
お金が必要な世界においては必要であり
必要ではない世界では必要なくなります
本来　仕事とは喜びが広がるものなのです

自分が本当は何をしたいのか？
思うだけではなく
言うだけでもなく
それぞれに考えて行動することです

生きる時間は限られています
悔いの残らない人生をお過ごしください

幸せな時間の使い方

時間の使い方を考えましょう
何を考え　何をすることに
どれくらいの時間を使いたいのか？

生き方とは
時間の使い方でもあります
その選択《せんたく》が要因《よういん》となり
顕在化《けんざいか》してゆきます

未来とは
あなたの時間の使い方の
因果《いんが》を経験することなのです

知識《ちしき》や経験が
自身の価値観や世界観となります

ゆえに全《まった》く同じ世界観の中に
他者は居《い》ないこととなり
共有できる部分があるということです
他者と共有できる部分があるほどに
交流は面白くなります

より愉《たの》しく生きてゆくためには
経験を重ね　自身の世界観を拡《ひろ》げ
より多くの他者と関われば良いのです

幸せな時間の使い方とは

世界観を拡げる選択とも言えます

自由

唯一あなたに与えられている権利
選択することができるという自由

今　与えられている条件の中で
あなたがしたいことをすれば良い
それがすべての答えです

だから　誰かに尋《たず》ねることではなく
あなた自身に尋ねることなのです

誰かと共にあるならば
共に尋ね合えば良いのです

継続《けいぞく》は力

1日1コ
と自分で決められれば
1年365コ
得られることになります

10年　3650コ
20年　7300コ
30年　10950コ
40年　14600コ

50年　18250コ
60年　21900コ
70年　25550コ
80年　29200コ
90年　32850コ
100年　36500コ
得られることになります

〝継続は力（喜び）なり〟
誰もが多くを得られる人生なのです

得られないと不平不満《ふへいふまん》を申《もう》すのは
自分で決めていないだけなのです

ことばの力

世界はことばで変わります
あなたのこころが
ことばで変わるように

どのような未来を
あなたが望むのか？　は
あなたの思いの込められた
ことばの世界が
顕在化《けんざいか》してゆくのです

そしてそれは
繰り返されるほどに

加速化《かそくか》してゆくのです

ことばはこころの鏡《かがみ》

ことばを磨《みが》くことはとても大切です

ことばは思考を表現するもの
自身を他に理解していただくための手段《しゅだん》です

ことばはこころの声
こころの色
こころの形
できるだけ分かりやすく丁寧《ていねい》に
ことばとして換《か》えられた方《ほう》が良いのです

感情表現のことばもいろいろあります
嬉《うれ》しい　楽しい　面白い
素晴《すば》らしい　可愛《かわい》い　美しい
勇《いさ》ましい　気持ち良い
淋《さび》しい　悲しい　腹だたしい　情けない
辛い　詰《つ》まらない　難《むずか》しい　分からない……

ことばはエネルギーであるゆえに
言ったり聞いたりするならば
やはり
良いエネルギーのことばが望ましいのです

ことばで人を救《すく》うこともできるし
逆に苦しめることもできるゆえに
人を喜ばせられることばを

ことばを大切にする

多く口にする人生を選び続けたいものです
使うことばで人間性が分かります
ことばはこころを映《うつ》し出す鏡《かがみ》なのです

ことばの在り方で
その人がどのような人かが解《わか》るものです

見せ掛《か》けだけの美辞麗句《びじれいく》や
口先だけのことばでは
必ず信用を失います
経験の伴わないことばは

心に響《ひび》かないものなのです
ことばは経験してきた証でもあり
ことばに込められた思いそのものが真実です
ことばには過去が刻まれているものです

嘘《うそ》はつけないものです
なぜなら
嘘と分かる人には分かるものであり
必ずいつか嘘であることが明かされます
嘘は後悔と共に真実を引き寄せるからです
ですから自分にも他人にも
嘘はつかない生き方が望ましいのです

そしてことばを大切にする生き方が
人間性を向上させてゆくものでもあります

想像

あなたは
どのような未来を望みますか？

すべては
思うこと
願うこと
言うこと
学ぶこと
行うこと

想像したことは
創造することなのです

自問自答

なぜ　自分は
そのように思うのか？
自問自答することで
前に進むきっかけが生じます

なぜ、自分は
その思考や感情を選んでいるのか？
選びたいのか？

心身健康

人生は
心身健康であることが
一番の幸せです

そのためには
どうすれば良いのか?
自分で考えて行動することが
日々の課題なのです

自分の健康
家族の健康
みんなの健康

素晴らしい未来のために

心身共に健康であるように努めましょう
こころやからだが病んでいると幸せではないですから

こころが健康であるためには
自分の意識を喜びへと向けましょう
自分をたくさん褒《ほ》めてあげましょう
自分をポジティブに応援《おうえん》しましょう

からだが健康であるためには
からだの声を聞き　欲求《よっきゅう》を叶《かな》えましょう
からだに有害《ゆうがい》なる選択はしないようにしましょう
からだを労《いた》わり　日々感謝のことばを伝えましょう

わたしたちひとりひとりに
与えられている日々の課題とは
心身共に健康であるために
何を選択し生きれば良いのか？
ということです

あなたにとって
何よりも一番大切なことは
心身共に健康であり続ける
ということなのです

いつの日か
素晴らしい未来が訪れるのですから!!

人間性

亡き母が生前に幾度《いくど》か語った言葉

〝最終的には
人間性が必ず問われるもの〟

どんなに容姿《ようし》が美しくても
どんなに立派な肩書きでも
どんなにお金持ちでも
どんなに有名人でも
どんなに優《すぐ》れた能力があっても
どんなに○○○でも……

人間性＝人柄《ひとがら》＝他愛意識

愛すること

自《みずか》らを愛することも
他を愛することも
覚悟《かくご》が必要です

いずれにせよ
「わたしは自他《じた》を愛する！」
という自己教育が求められます

自他を愛する覚悟ができない時が
人生で最も苦しい時期なのでしょう

そしてそれもまた
必要な時期として
与えられてあるのでしょう

経験

他から
傷つけられたり
苦しめられたり
欺《あざむ》かれたりした経験があれば
他を精査《せいさ》するようになるでしょう

しかし経験がなければ

他から
傷つけられたり
苦しめられたり
欺かれたりするはずがない
と極論《きょくろん》を語る人になるのでしょう

この世の中には
良い人も悪い人も
それぞれに存在するのです……

その事実をよく理解した上で
世の中を見なければなりません

目的

今日　自分は何をしたのか？
目覚めてから眠りに就《つ》くまで

何を学び
誰と会い
何を作り
どんな喜びを感じたのか？
どんな経験をしたのか？
どんな時間を過ごしたのか？

その積み重ねが
記憶として脳に刻まれ

そしていつの日か
記憶は薄れ　消えてゆく……
しかし魂《たましい》は成長し続け
生まれてきた目的を
ひとつひとつ果《は》たしてゆくのです

何か

みんなで分かち合うことが求められます

何をすべきなのか？
何をすることができるのか？
何を知らなければならないのか？

何もしないは何も生み出さず
何かを変えることもしないでしょう

あなたは何かをする人なのです
その何かは
ひとつだけではありません
あなたが思い付く限りの
可能性の中にあるすべてであり
あなたが望むままなのです

それぞれ

みなそれぞれでいい
それぞれでいいのです

だから　あなたはあなたでいい
あなたらしく
愉《たの》しく生きてゆけばいいのです
それでいいのです

愉しい人生

健康と人間関係が良好《りょうこう》であり
やりたいことをやれれば
人生は愉しく生きられます

からだと人を大切にすること
自分を理解し活かすこと

視点

大きく見る
小さく見る
左右から見る
前後から見る
時を変えて見る……

視点《してん》の向け方は自由であり
それぞれの世界観があります
それぞれの景色が
事実として存在しているのです

だから
自分はどのように見たいのか？
問われているのです

生かせる人と生かせない人

世の中には2種類の人がいます
生かせる人と生かせない人

与えられているものを生かせる人は
豊かで幸せな人生を送ることができます

生かせない人は
他を妬《ねた》み　嫉み《そね》を言いながら

心貧《まず》しい不幸せな人生を送ることになります

何も与えられていない人など存在しません
何も与えられていないと思い込み
独《ひと》り被害妄想《ひがいもうそう》の中で
いじけているに過ぎないのです

わたしたちには
溢《あふ》れんばかりのものが
初めから与えられています
肉体 自然 物 人
想像《そうぞう》力 治癒《ちゆ》力
あらゆる能力……

与えられているものを理解し

あらゆる知恵《ちえ》を使って
感謝と共に
喜びに変えてゆけば良いのです

喜びを生み出す能力というのは
万人に与えられた
神のお計《はか》らいです

そしてすべての存在は
喜びで創られており
貴い存在なのです

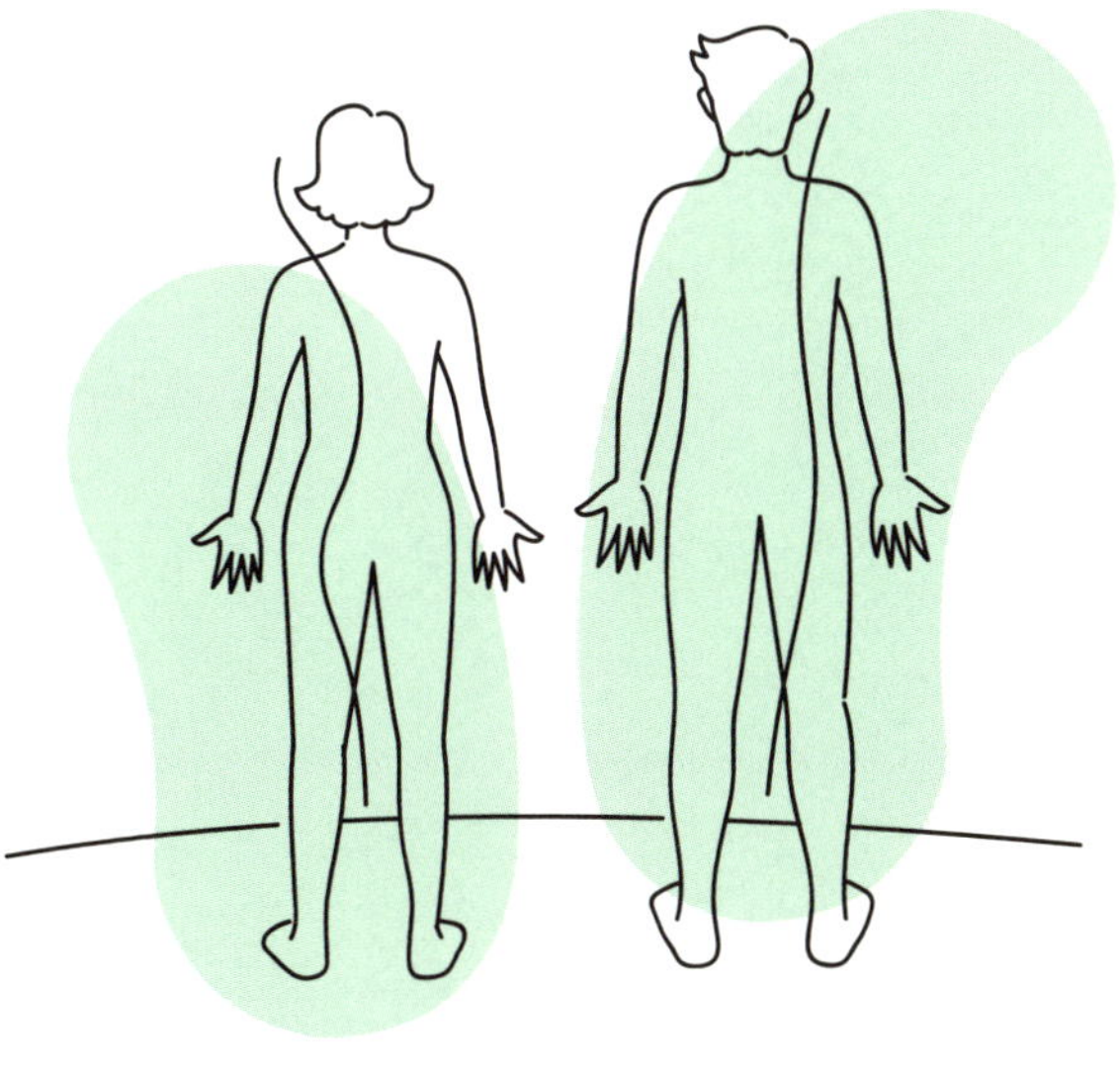

顕《けん》在《ざい》世界

もしも自分の未来が分かるとしたら
あなたはどんな風に思われますか？

いつ　どこで　だれと　何をして　どうなる
喜怒哀楽《きどあいらく》すべてを知ったとしたら……

分かっておいた方が良いと感じる未来もありますが
分からない方が良い未来の方が多いと思います

自分の未来がどうなるか？
分かってしまうと　やはり面白くなくなるものです
都合《つごう》良く予想している間が愉《たの》しいものなのです

この世は因果《いんが》の法則に基《もと》づいています
意識世界の反映《はんえい》として顕《あらわ》れてくる顕在《けんざい》世界です

心配ばかりしていたら
心配していたことを招《まね》くこともあります
都合良く思っていたら
都合良く上手《うま》い具合に進むこともあります

すべてはあなたの意識次第《しだい》なのです

未来はまだ決まってはいません
あなたの選択次第で
自在《じざい》に変化する運命であり
流動的な可能性の世界に過ぎないのです

それぞれで良い

すべて自己責任の元で
悔いの残らないようにあなたらしく
あなたが思うままに
生きれば良いだけなのです

あなたはあなたで良いのです
わたしはわたしで良いのです
みんなはみんなで良いのです

ひとりひとりそれぞれであり
価値観の違いがあるに過ぎないのです

自分の変化に応じて
自分に見合う人と出会い別れ
必要な学びが与えられてゆくのです

現在の姿は人生という線の中の
変わりゆく過程にある
小さな点に過ぎません

あなたもわたしもみんなも
日々学び変わり続けています
みんなそれぞれに変わりゆくのです
変わらないものなど存在していません

遅いか早いか　大きいか小さいか

知るか知らないか　嬉しいか苦しいか
受け入れるか受け入れないか……だけなのです

あなたが正しい訳ではありません
あなたが間違っている訳でもありません
現在のあなたは　現在はそうである
ということに過ぎないのです

過去も現在も未来も
すべては変化の中にあります
あなたはあなたの変化の中で
わたしはわたしの変化の中で
世界は世界の変化の中で
それぞれに存在しているのです

第7章

素敵な未来を描く

流れ

すべてには流れがあります
流れは氣《き》の動きであります
流れにはあらゆる感情もあります

流れに委《ゆだ》ねることが自然であり
流れに逆《さか》らうことは不自然です

すべての流れには方向性があります
流れは変化であり　進化であり　因果《いんが》です
大きな流れ　小さな流れ
早い流れ　遅い流れ
嬉しい流れ　苦しい流れ

激《はげ》しい流れ　穏《おだ》やかな流れ
すべては必要に応じた流れが顕《あらわ》れるゆえ
流れに委ねることが
選択としては望ましいのです

流れに身を委ねるためには
不安と恐れを払拭《ふっしょく》する必要性があります
すべてはより喜びへと向かって変化している
ということを自分の未来に対して
思い描《えが》けるかどうかです

どんな泉も川へと向かい
どんな川も大河へと向かい
どんな大河も海へと向かうものです

もしもいくつかの流れが現れた時は
いずれを選んだとしても
変化の違いがあるだけであり
同じ未来へと向かっていると思えば
流れを喜びとして受け入れられるようになります

未来の作り方

あなたにとっての今年は
どのような1年になさいますか？

未来はどうなるのか……？
まだ決まっているわけではありません

決して悲観《ひかん》的にならず建設《けんせつ》的に捉《とら》え
〝あなたはあなたの意思《いし》で
素晴らしい未来を作りましょう！〟

〝未来は自分の意思で作れるのです！〟

未来の作り方の三原則は
「思う」「言う」「行う」です

自分はいったいどうなりたいのか？
「思う」ことから始めましょう

忘れないように
「書く」ことで思考を整理しましょう

自分はこのようになりたいと
「言う」ことで活動意欲を高めましょう
有言実行《ゆうげんじっこう》を日々の目標にして
「行う」ことを自分に言い聞かせましょう

自分の力だけではどうにもならない
世界情勢《じょうせい》をあれやこれやと憂《うれ》う前に
自分はいったいどうすれば良いか？

自分の人生をより良くなるために考えて
自分の足元から
先《ま》ずはひとつひとつ見直し
日々改善に努《つと》めてまいりましょう

〝あなたは世界の雛型《ひながた》なのです！〟

世界が良くなるためには
自分が良くならなければ
未来を改善することはできないのです

〝あなたが変われば
世界は必ず変わります！〟

人と人とは
心のネットワークで繫《つな》がっている
大きな運命《うんめい》共同体《きょうどうたい》です

幸せな人生を得るために

人は誰もが〝幸せな人生を〟望むものです
しかし　わたしたちは
〝幸せな人生を送るための術《すべ》〟を
教えてもらってはいません
もしもみんなが幸せになれば
地球は幸せな星となります

幸せとは喜びを感じることです
喜びを感じるためには
〝喜びであることを認識すること〟です
そして自分にとっての喜びを選ぶことです
〝運命とは選択することの連続〟なのです

あなたにとって良き運命を選択するためには
〝より良い思考を思い描くこと〟から
すべて始まっているのです

自分の未来はつくるもの

自分の思いを形に変えてゆくこと
より良いと感じる思いを選択すること
未来をつくる種《たね》は
思いであることを知ること

どのような未来も可能性の中にあり
どのような未来も不可能ではない

自己計画を立てて
自問自答しながら
自分を応援しながら
すべきことに時間を費《つい》やすこと

ネガティブな感情に憂《うれ》う時間を
ポジティブな感情に費やすと決めれば良い
自分が自分に誓《ちか》い
何度でも何度でも言い聞かせながら
一歩一歩　強く信じて歩むならば
あなたの思いに見合う未来が顕《あらわ》れてきます

人は必ず幸せになれるものなのです
もしも幸せになれないとするならば
幸せにはなれない……と思い込んでいる

悲観的な自分が
未来を邪魔《じゃま》しているのです
あなたは必ず幸せになれる
あなたは必ず幸せになる
わたしは必ず幸せになれる
わたしは必ず幸せになる
なぜなら
自分が自分の未来をつくるものだから

未来を描《えが》きましょう

景色は移り変わるものです
花が咲き　蝶《ちょう》が舞い　緑薫《かお》る
雨が降り　風が吹き　枯葉《かれは》舞う

人のこころも移り変わるものです
泣いたり　笑ったり　いじけたり
はしゃいでみたり　怒ったり

どんな季節や時代も
どんな出会いや別れがあっても
どんなことばをこころに綴《つづ》るかで
記憶《きおく》の色彩は変わります

それぞれの性格や感性
経験値《けいけんち》により異なる記憶の描き方
誰にも見せることのない日記のように
偽《いつわ》らずに描く方が良いのでしょう

しかし未来への希望だけは
思いのままに描く方が良いでしょう
「こんな未来になればいいなぁ」
と思い浮かべ　願いを込めながら

たくさんの喜びを咲かせる
種を蒔《ま》きましょう
夢を希望を
素敵な未来を描きましょう

真の幸せ＝与える生き方

与えましょう
あなたが与えられるすべてのものを
与えましょう
たくさんの笑い顔と笑い声を
与えましょう
感謝と励《はげ》ましと労《ねぎら》いと褒《ほ》め言葉を

あなたは与えられて生きてきました
今度はあなたが与えてゆく番です

あなたはたくさんの人々を
幸せにすることができる人です

あなたは人を愛し　人に愛され
掛《か》け替《が》えのない喜びを得られる人なのです

すべては与えられてゆきます
必要に応じて必要なものが与えられます

あなたが誰かに与えても
誰かがあなたに与えてくれます
だから惜《お》しみなく与え続けて良いのです

あなたはますます幸せになってゆきます
なぜならあなたは
与え合える人だからです

未来は可能性の世界

どのような状況においても
悔《く》いのない行動をすることが
問《とい》に対する答えです

何もしないことが良いのか？
何をすることが望ましいのか？
それぞれの分《ぶん》相応《そうおう》の判断と行動力が
自《おの》ずと未来に反映されていきます

あなたの未来は
あなたの意識がつくってゆくのです
人類の未来は

人類の集合意識がつくってゆくのです
誰かの思惑《おもわく》に委《ゆだ》ねてばかりでは
何もしないという選択に等しく
因果《いんが》としてすべて受け入れなければなりません

〝未来は可能性の世界〟です
初めから決まっている訳ではありません

あなたの意識は
無限の可能性と繋がっています
すべては選択の自由なのです

諦《あきら》めることも諦めないことも
考えることも考えないことも

善なる生き方も悪なる生き方も
すべては因果として顕《あらわ》れてきます

あなたはあなたらしく選択するだけです
ただし今よりも喜びとなる未来へと
ベクトルを向けることをお薦《すす》めします

未来はどんどん良くなる!!

見極め

目の前にあることを大切にすることです
家族や仕事　地域や人間関係　からだや希望
それが現在のあなたを構成しています

そして未来へと繫《つな》がっています

もし手放したいのであれば
我慢《がまん》せず 手放せば良いのです
無理をし続けることではありません
人や物 場所や事象《じしょう》すべては
変化に応じて移りゆく定めですから
別れは自《おの》ずと来るものです

しかし 悔いの残らない判断が必要です

あなたがより良き未来を得るために
大切に関わり続けるべきか？
感謝を伝えて離れるべきか？
その判断は常に問われることでしょう

「ありがとうございます」
「ありがとうございました」
どちらのことばを口にするにせよ
決して悔やまぬように
自分自身で見極めることなのです

本当にその判断が喜びとなりますか？

素晴らしい未来

夢を見ましょう
愉《たの》しい夢を
何をしたいですか？
何処《どこ》に行きたいですか？

誰と逢いたいですか？
何を作りたいですか？
何を変えたいですか？

あなたの夢は叶《かな》えられます
叶えるために
時間を使いましょう
叶えるために
日々を過ごしましょう

あなたは夢を叶えるために
今を生きてゆけば良いのです

あなたの未来は
次々に夢が叶えられてゆきます

だからますます愉しくなるのです
あなたの未来は素晴らしい

より善《よ》い未来をつくるために

何が必要で
何が不必要なのか？
何が有害で
何が無害なのか？
何ができて
何ができないのか？
何がしたくて
何がしたくないのか？

何が嫌いで
何が好きなのか？

それが問題です
あなたの未来をつくるために！
より善き未来をつくるために！

幸せです

あなたは幸せです
〇〇であるから
〇〇を持っているから
〇〇を知っているから
〇〇を経験したから

〇〇を理解できるから……

あなたは幸せである理由を
どれくらい語れますか？
だから事実上
あなたは幸せなのです♥

次の目標は
とても幸せ
すご～く幸せ
日本一幸せ
世界一幸せ
……
みんな共に目指しましょう♥

ある！

〝自分には何もない〟
という人がいますが
何もない人は存在しません
それは極論《きょくろん》であり
被害妄想《ひがいもうそう》のひとつに過ぎません

あなたはすでにいろいろ
たくさん持っています
〝自分にはたくさんある〟
ということを
自《みずか》ら気付《きづ》こうとしていないだけです

あることを理解し
あるものをありがたく
活かしてゆけば良いのです
あなたにはたくさんある！

あなたの中にある可能性の世界

あなたはまだ
自分を知らないのです
あなたは
何かを変えられる人です

何を変えるか？　は

何を変えたいのか？
あなたの中にある可能性の世界

何を選択するのか？　で
変容《へんよう》する因果の世界

人生は〝科学的〟なのです
多重次元《たじゅうじげん》科学の世界

良くも悪くも右にも左にも
自在《じざい》に変えられる力を
あなたは持っているのです

誰かに思考操作《しこうそうさ》されて
選択するのではなく

自身の意思《いし》で本心《ほんしん》で
より良い未来を育《はぐく》んでください

一度きりの設定

わたしたちは
何度も生まれ変わり学びます
同じ状況《じょうきょう》は二度とありません
すべての設定が 一度きりなのです
たとえ似たような状況が顕《あらわ》れたとしても
どこかが必ず
異《こと》なるものなのです

だからどの生も尊《とうと》いのです

より喜びへ

人はみな
より喜びへと向かうものです
去年よりも今年
先月よりも今月
先週よりも今週
昨日よりも今日

今日よりも明日
今週よりも来週

今月よりも来月
今年よりも来年
人はみな生きているだけでも
進化していくものなのです

素《す》敵《てき》な計画

計画を立てましょう！
あなたが喜びとなる
素敵な計画を

どこに行きましょうか？
誰に会いましょうか？
何をしましょうか？

夢は

あなたの未来は
素敵な計画が
たくさん用意されています

いつか叶《かな》う目的である
と想像してみましょう
考えられるだけ
考えてみましょう

ノートに書き留《と》めてみましょう
声に出して読み上げてみましょう

あなたの未来が始まります
そして日々が愉しくなります

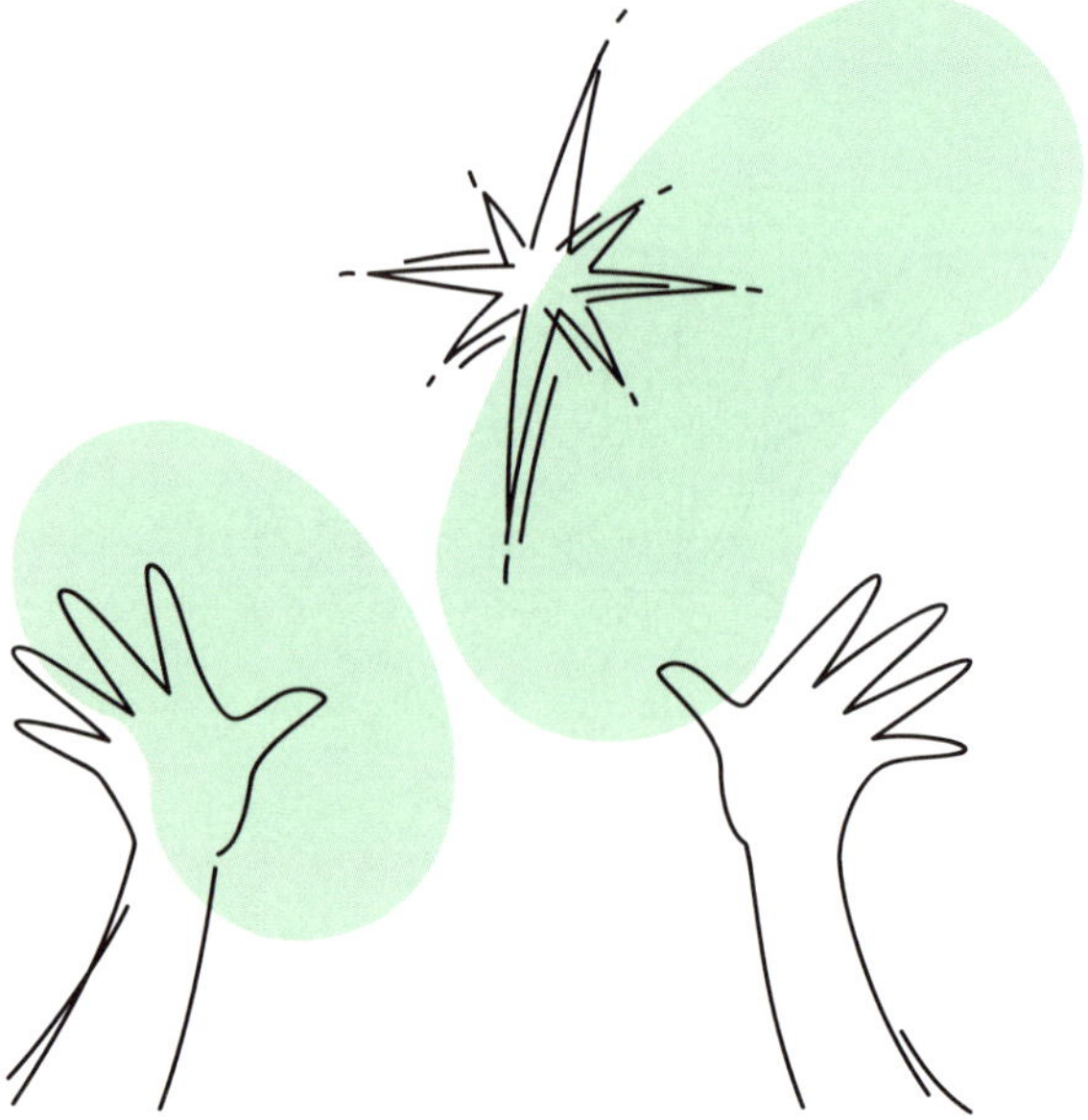

おわりに――こころが浄化されれば、幸福感が湧いてきます

「こころを浄化することば」=「導言《どうげん》」です。

こころが浄化されれば、おのずと幸福感が湧いてくるものです。

それは、〝本来の自分に戻る〟ということなのかもしれません。


あなたを、あなたらしさから引き離していたものがあったのでしょう。

それは、〝あなたを苦しめてきたネガティヴな記憶や思考や感情〟なのでしょう。

それらの要因となっていたものが払拭《ふっしょく》されれば、きっとあなたがあなたらしく生きられ、生きていることが嬉しく愉しく有り難くなることでしょう。


かつてのわたしがそうでした……。

自暴自棄《じぼうじき》となり、生きる気力を失っていたわたしを、苦しみの想念界から、喜びの想

念界へと導いてくださった存在が、紛《まぎ》れもなく異次元世界《いじげんせかい》の守護霊《しゅごれい》や指導霊《しどうれい》、近親霊《きんしんれい》たちでした。

そして、現次元《げんじげん》世界で出会った多くの人たちや動植物、自然森羅万象《しんらばんしょう》でした。

わたしは明らかに、出会いによって、経験によって変わってきたのです。

そして、〝しあわせ〟になったのです。


わたしはとてもしあわせ者です。2025年現在のわたしは、とても満たされています。こころからすべてに感謝いたしております。

ですから今度は、わたしが皆様をしあわせにしたいと、こころより思います。

出会うすべての人々にも、しあわせになってほしい！　と切に願い続け、自分にできることをしてゆきます。


本書製作スタッフの皆様にも、神人ファンの皆様にも、本書をお読みくださった皆様にも、可能であるならば世界中の皆様にも、しあわせになっていただきたいのです。

もしそうなるならば、〝地球がしあわせな星になる〟ということになりますから♥

本書製作に携わられましたスタッフの皆様、日頃より神人を支えてくれている事務局スタッフの皆様、全国の主催スタッフの皆様、神人を応援し続けてこられたファンの皆様、これまで出会った皆々様、これから出会う皆々様、すべての出会いに感謝申し上げます。

〝どうもありがとうございます♥〟
出会いに感謝♥　感謝♥　感謝♥

本書を最後までお読みくださいましたあなたへ、神人《かみひと》から強い念を込めてお伝えさせていただきます！

あなたの未来は
どんどん改善されてゆきます!!

あなたの未来は
嬉しいことや愉《たの》しいこと
素晴らしい出会いが待っています!!
あなたは
悔《く》いのない良き人生を送ります!!
大丈夫♥　大丈夫♥　大丈夫♥

なぜならあなたは
〝こころを浄化することば〟と出会ったからです♥

2025年4月8日　世の変わり目に一斉に咲く花を愛《め》でながら

神人《かみひと》　拝

神人（かみひと）

1969年1月20日、青森県八戸市生まれ県内育ち。京都市在住。シャーマン、ミュージシャン、講師。神人（かみひと）とは、神に感謝しながら生きる人の意。神とは生命を育む宇宙銀河・日月星・地球・自然森羅万象。チャリティーイベント「地球愛祭り」発起人。幼少期から数多くの神霊体験を重ね、1998年より色々な異次元存在たちとの対話が始まって以来、人生が一変。2004年より、浄霊・浄化の言霊と音霊で織り成す「祈り唄」「祭り唄」を中心とするシャーマニックなライブ活動を全国各地で行うとともに、異次元存在たちから教わってきた話を元に、「宇宙・地球・神・霊・人・生・死・霊性進化」などをテーマに、真実を伝えるための講演活動を続けている。著書に『じぶんでできる浄化の本』『大切なあなたへ』（ともに徳間書店）、『大日月地神示【前巻】』『大日月地神示【後巻】』『一陽来福』『しあわせ手帳』『みたまとの対話』（野草社）がある。

ホームページ　http://kamihito.net

こころを浄化することば

第1刷　　2025年4月30日

著　者　　神人
発行者　　小宮英行
発行所　　株式会社 徳間書店
〒141-8202　東京都品川区上大崎3-1-1
目黒セントラルスクエア
電話　編集(03)5403-4344／販売(049)293-5521
振替　00140-0-44392

印刷・製本　TOPPANクロレ株式会社

本書の無断複写は著作権法上での例外を除き禁じられています。
購入者以外の第三者による本書のいかなる電子複製も一切認められておりません。
乱丁・落丁はお取り替えいたします。
©2025 Kamihito, Printed in Japan
ISBN978-4-19-865999-8

徳間書店の本★好評既刊！

じぶんでできる
浄化の本

著者：神人（かみひと）

10万部のベストセラー！
触れるモノや会う人、行く場所によって、気分が悪くなったり、違和感を覚えてしまう敏感なあなたへ。切り取って使える！
「光・浄化」「調和」のマーク付き!!

人間という生命体のしくみ／靈は存在するのか？／靈的体質とは？／負のエネルギーを受け続けると、どうなるのか？／倦怠感や不快感／激しい怒りや悲しみ／喪失感や疎外感／不眠症／五感浄化（視覚・聴覚・嗅覚・味覚・触覚）／自然浄化（太陽・月・星・海・湖・川・山・風・火）／塩浄化／鉱物浄化／言靈浄化／参拝浄化／より多くの善き念・エネルギーを受け取る方法、など

大切なあなたへ

著者：神人（かみひと）

神人氏が贈る６つの
言葉のシール付き。
言葉のヒーリングブックの
決定版！
今のあなたに必要な
メッセージがきっとある。

第1章 大切なあなたへ／第2章 身体の声を聞く／第3章 今を喜びに変える方法／第4章 人生を好転させるには／第5章 縁／第6章 苦しい時／第7章 因果の仕組み／第8章 出会いと別れ／第9章 地球・宇宙・見えないもの／第10章 心の目を磨く／第11章 善と悪／第12章 生きるとは、死に向かって進むこと／第13章 素晴らしい未来

お近くの書店にてご注文ください。